Talk to Me Like I'm Someone You Love, revised edition

Relationship Repair in a Flash

by Nancy Dreyfus, Psy.D

我想對你說愛的語言

南希・崔福斯博士 著

童貴珊 譯

11種情境，127個句子，練習對心愛的人表達自己的感受

獻給我的女兒，卡爾莉（Carly Raphael）。

妳的存在是對我恆常的提醒——

沒有任何言語能完全敘述如此深層的愛

目錄

情境 2 設立界線 83

情境3 表達脆弱 115

情境4 承認錯誤 145

情境5　表達心聲　175

情境6 澄清解釋

情境8 表達愛

情境10　關於性愛 293

【第三版前言】

艱辛痛苦互動時的急救箱

你我在出版界認識的每一個人，包括那些曉得「今天這個世代的出版業是怎麼一回事」的所有人，都不約而同告訴我，能有機會再版又三版自己的書，無疑是越來越難能可貴的「壯舉」，備感榮幸。容我稍微克制一下自己的激動雀躍，我真的非常欣慰，衷心感激，偶爾還因為太興奮而有些飄飄然，甚至暈頭轉向。

不過，對一個生活圍繞著個人成長的人來說，這樣的發展雖然乍看有些戲劇性，但感覺更像是某項重修了超過二十年的工程，理所當然的下一步。一段感情的破裂確實可以在轉瞬間修復，但走向自我的旅程，卻是一生之久的漫漫長路。我希望本書的概念——大部分內容都與「壓力下選擇坦誠透明」有關——無論多麼緩慢，都能潛移默化，持續被主流文化接受，一直到世界和平的那一天。此外，這一次的新版本，也反映了我對「維持更友好關係」這方面的一些新想法。

能走到這裡，我有許多感謝的話，首先是本書的發想——《我想對你說愛的語言》（*Talk to Me Like I'm Someone You Love: Relationship Repair in a Flash*）——這段落實的軌跡，以完整的事件與細節呈現，雖然在引言已多所著墨，但請容我扼要重述關鍵的一段紀錄就好：當我在一九九一年設計第一個《現實生活字卡》時，其實是源於一場棘手得令我啞口無言的伴侶諮詢場景——當時，在我眼前那位言語暴力的妻子，令我不自覺想起自己的母親。我遞了張便條紙給一旁心力交瘁的丈夫，紙上寫著：「把我當成你心愛的人來說話……」然後對這位長得像我父親的男人輕聲提示：「把紙條對著她舉起來。」妻子一見丈夫舉起的牌子，頃刻間震懾得手足無措，然後便完全平靜下來，聲勢頓時柔和，親切回應她的丈夫。後續那些，則都是歷史了。

接下來的兩週，我以麥克筆在線條記事卡上陸續手寫了四十條信息，再用活頁環扣把這些卡片扣起來，然後，邀請幾位個案把這些字卡帶回去和他們的配偶（這兩個字在當年比「伴侶」更普遍）進行實驗，多多應用。一九九二年，我讓美國連鎖影印店「金考」把這些字卡列印成簡潔的一套材料，底部附上活頁環，讓使用者容易翻閱。當時，利用這份字卡練習的對象大多為女性，每一次當她們帶一組字卡回去練習後，隔一週便向我回報：「喔！我丈夫終於聽到我說話了（看來，這套字卡中最受用的王牌莫過於『我感覺不被聆聽』）！」

我沒什麼創業眼光，也從沒想過有一天這些字卡會離開我的辦公室，一直到某個因緣際會的場合。某次，在我們的大型家族聚會上，我「玩票性質」地出示一張字卡而成功化解兩位抬槓得面紅耳赤的親戚，「字卡效應」讓當時在現場的姊夫麥克．葛伯（Michael E. Gerber）驚豔不已，他是創業界的傳奇人物，也是暢銷商業書籍《創業這條路：從一人公司到一個企業組織》（*The E-Myth Revisited*）的作者，具商業頭腦的麥克脫口喊出：「這根本是一本書啊！」他鼓勵我把字卡印刷出版。這是我始料未及的想法，我決定試試「市場水溫」。後來，我在一場心理治療研討會上「試探性」地出售印刷精美的字卡套裝，從事「心靈與意識開發」的作家梅雷迪思・古爾德（Meredith Gould）見卡心喜，便在當時的《新世紀雜誌》（*New Age Journal*）上發表了一篇推薦字卡的文章。之後，在短短不到一個月內，超過三千份訂購需求湧入，於是，一九九三年，「天神藝術／十速出版社」（Celestial Arts/Ten Speed Press）把五十五張字卡，搭配言簡意賅的介紹與說明，以「我想對你說愛的語言」為主題，收錄在一本迷你小書中，正式出版。兩年後，本書再版。

到二〇〇〇年時，當初的版本已絕版，我也從自己的婚姻中歷劫歸來，過程中的風雨近乎難以負荷，在我為自己釐清方向之前，我刻意迴避向外界提供任何關係上的建議。六年以後，我很驚訝陸續收到越來越多訂購本書的要求，我這下才發現之前印行的《現實生活字卡》（*Flash Cards for Real Life*），已被收錄於「全球創意庫」中，且在二〇〇六年，被全球最大英文書籍出版公司之一的哈潑柯林斯（HarperCollins）收錄於《改變世界的五百種方法》（*500 Ways to Change the World*）的綱要項目分類中。

就在這時候，因緣際會的事件接連同步發生，其中最不可思議的是，有兩位我曾幫助過的人不約而同在同一週內先後出現，我從未想過從他們身上獲得任何回報。一個是網路搜尋引擎的專家，另一位則是智慧產權領域的律師。這位律師想要幫我把版權重新爭取回來，掌握在自己手中，而那位搜尋引擎專家則想教育我認識網路世界的無遠弗屆，好讓我的觀點與流量可以源遠流長。緊接著，十幾位不同的代理人親自與我聯繫，他們喜歡我的原創觀點，但不想參與曾經出版過的書籍，只有約珥德布谷（Joelle Delbourgo）出版社有先見之明，覺得這是個時機成熟的翻新好契機。

塔徹企鵝（Tarcher/Penguin）出版社總編輯莎拉．卡德（Sara Carder），天資聰穎而獨具創見，知道在哪些地方需要加上註釋而達畫龍點睛的加乘效果，使內容更精彩豐富，沒多久，我們已朝向一百張字卡的目標前進，每一張字卡都附上專屬的短篇小文。這下我絞盡腦汁的不只是如何使用正確詞彙而已，我還要向無數讀者表達一些對我而言越來越真實的東西：我們一般假設與他人有所「連結」的概念，其實都涉及各種困惑與棘手的事件，尤其在衝突過程中更容易凸顯。但我卻想從另一個角度讓讀者相信，他們最需要在乎的東西，早已在他們伴侶的能量場域之內，而且與自己的內在緊密相連。

等我完成了你手上拿的這本書的原版手稿時，我愛上了一個男人，提姆。他和我的前夫以及至今為止仍以豐富情感陪伴我的許多男性心理治療專家很不一樣，他彷若來自另一個世界，心思與觀點，都和我南轅北轍。提姆的性情直率，敦厚老實，深情而忠誠——總是想方設法讓心願成真——也經常對自己的情感連結感到好奇。還記得我們初次見面時，他就對我某個堅信不移的觀點抱持懷疑；我堅持「你正攻擊我」與「我感覺被攻擊」之間的差異，其實是黑夜與白晝之別，但提姆卻覺得兩者之間的差別事小，「一套聰明的治療策略」恐怕更重要。

看來是天賜良機給我了，要我把握千載難逢好時機，學習如何與一個很像我諮商職場上眾多女性個案口中所敘述與形容的「那種男人」相處，這些男人共享一些特質，他們對我信手拈來的解釋常感覺難以負荷，卻對「被管」與束縛，很敏感，在「反覆性聆聽」的世界中，他們是新手上路。在本書重新出版上架時，提姆拿起第21張字卡：「我現在最不需要訓斥，我只需要你的愛」，他把「訓斥」畫上大叉叉，改寫成「諮商師」，然後把卡片裱框，掛在靠床的牆上，觸手可及之處。我知道這下麻煩來了，我必須接地氣的像個人，和這位老兄互動。搞不好我連類似「互動」等這類名詞，也要少用為妙。

當如此真槍實彈的現實生活又高度個人化的「實習」，開始和我熟悉的理論結合起來時，再加上我日復一日面對專業職場的伴侶諮商，以及所有之前早已存在的成長觀念，全部湊合齊全了，我發現自己好不容易累積的能力，若要在任何前提與條件下都要「真情實意」，勢必在我的伴侶面前，窒礙難行而力有未逮。他不會給我立即回饋，也不會欣然主動為我提供一個安全的處境，好讓我的「真情實意」可以盡善盡美。事實上，這位伴侶寧可我去上高爾夫課程，也不願我再努力提升溝通技能。雖然如此，我發現這個始料未及的催化劑，讓我開始發掘自己因他人所激發的防衛能力，而這些都要百分之百歸咎於他的反應，光想到這一點就讓我感覺自己特別清純無辜，雖然那無助於增加任何人的幸福感。

所以，我想在這本更新過的版本重申一種思維——我無意要讀者淡化自身的實況——而是在對伴侶表達時，少一些強度，多一分心意去察覺與意識到伴侶的脆弱。我想提醒你留意伴侶的脆弱，不是讓對方的脆弱來指引和主導你的方向。比方說，新版的第102張字卡：「我想做愛，前提是你喜歡我。」你看到嗎？我從邀約開始，然後，才是自我價值的界線。即使在幾年前，我也很可能會這麼直率表達：「當你讓我感覺不友善的時候，我不會想和你做愛。」這無疑是個清楚明白、心口如一、從善如流與無可爭辯的聲明，表態的一方絕對可以如實傳達自己心靈的狀態。只不過，帶有一絲告誡意味。雖然並非每一張字卡都有類似全面性的調整，但我在新版本中的書寫風格，確實有些轉變，原來明確的斷言主張和緩了些，表達方式更柔和、更包容了。第103張字卡已改成「如果我們可以慢慢來，我會更興奮」，而不再是「如果我們可以放慢速度，我會更興奮」。少了一些決斷，多了幾分邀約，感覺到兩者之間的差異嗎？

（坦白說，我幾年前從來沒有想過會撰寫與性愛主題的字卡。主要原因是，我還沒累積足夠的實習經驗來扮演專家。另一方面，我花太多時間在考量個案是否會在車子裡使用這些字卡。一般來說，車子裡是衝突熱點！早知道先研究在臥室舉字卡，那我就不必擔心在其他場域舉字卡時會造成棘手的交通問題。）

新版《我想對你說愛的語言》增加了兩項新主題，第十：「關於性愛」與第十一：「深化信任」。部分原因是我個人對難搞的關係，比過去更能駕馭自如。另一方面，當然也有來自讀者回應的結果，他們告訴我，亮出一張字卡幾乎可以重新轉移一段心灰意冷的互動，令他們備受激勵，但在沒有字卡情況下純粹閱讀本書，也確實能教導他們如何感受、思考，和如何更熟練地應用。他們很想知道：《我想對你說愛的語言》這套思維，有沒有辦法落實在這兩種關係實況中：一、「因疏離而衝擊性生活」（意思是「幾乎已成常態」狀況）；二、關係出現明顯裂痕但其實已處於暗潮洶湧的上游階段，更全面的分崩離析與不信任，已把整段關係搞得灰頭土臉（意思是「相當頻繁」）。

這些前因後果與契機，為書寫的內容開疆闢土，不只是為了修補破裂的關係（譬如第1張字卡：「感覺真的很糟。我們可以重新開始，而且真心彼此聆聽嗎？」），也為壓抑許久的問題尋找出路（譬如第112張字卡：「我很怕給你壓力，但我們已經好久沒有做愛了，如果我們繼續忽視不管，我很擔心我們會錯過修復的時機，一去不回頭。請你和我聊聊這件事，我只要求這些。」）。或已被揭發但肯定還沒完結的某種不忠與背叛（譬如第123張字卡：「我知道你感覺很糟，但這還不夠。我需要你真真正正知道那對我來說，是什麼樣的感受。」）。換句話說，我的目標很明確，就是要讓你們的整段關係走向修復的治癒之路；如果中國思想家老子也來熟讀我這本書，他老人家肯定也會說：「千里之行，始於足下——一字卡」。

這二十年來，這項計畫不斷重新組合與編排，這其實是有趣的矛盾論述——一段深刻的關係修復與治癒之旅，居然從一段他人代筆的訊息啟動，這些話既非出自你的手，也不是由你的伴侶所寫。大家都曉得，我經常不厭其煩鼓勵各人要真誠而深思熟慮，但我既已「提供他們台詞」又怎能要求他們好好思索呢？我已在很多層面上想辦法努力解決這問題，也從中得出與本書宗旨相關的重大發現。

《我想對你說愛的語言》，可以在歷盡「艱辛痛苦的互動」時派上用場當急救箱使用，也可以在你「看似不可能真實做自己」的窮途末路時，成為指引你的導覽手冊。本書幫助你在充滿安全感的處境中保有透明化的關係，並讓你心無旁騖且發自內心地暢所欲言。值得慶幸的是，最終證明，這樣的實踐只會讓你越來越真情實意，就算你想要遮掩造假也假不來。原因很簡單，這本書畢竟沒有真正告訴你該說什麼；它只是提醒你，不要忘記最真實的你。還要相信，你終究曉得如何從這裡找到自己想要的東西。

——南希・崔福斯（Nancy Dreyfus，心理學博士）

溫塢　賓州・二〇二一年七月

【序】

務實又好用的關係工具

你手中拿的是一組務實又好用的工具，尤其當你深陷惡性循環的爭執、防衛或純粹煩不勝煩的聆聽困局時，這組工具甚至可以化身為神奇助力，引導你和你所愛的人朝向更和緩親和的方向前進。

本書的初衷與觀念，根植於這份基本常識：無論你們之間的緊張關係以什麼形式出現——猛烈的嗆聲反擊，挑剔刁難、如履薄冰或無止境地翻舊帳。如果你和伴侶的能量不斷內耗又針鋒相對，想要在千頭萬緒中開始解決一堆新仇舊恨，確實近乎不可能。以我個人身兼伴侶治療的心理諮商師與二十年婚姻老手的經驗來看，若想在烏煙瘴氣中突圍而出，我發現「如何使用與不使用」一些詞句，可以帶來轉圜的空間。如果一對伴侶已無法真誠互動，最終也只能無言以對，找不到任何語言來解決問題。我們可以一遍遍、竭盡所能不斷解釋我們的想法，或為了和平共處而溫和善解。無論我們多麼善於表達或充滿說服力，甚至溫順服從，渴望情感連結的期待依舊存在，至少要持續努力到關係被認可。有時，關係連結的想望可以維持二十分鐘，有時則可延續好幾年；也可能從來沒有，那就比較遺憾了。不管真心話是否能直接表達，如果，不被聆聽的感受、不被看見的經驗持續累積的話，終究難免以暴怒收場。我可以跟你保證，我們當中沒有多少人能在備受威脅時還能保持友好的關係與氛圍。

我為伴侶關係（有時也為父母與孩子的親子關係）開創《我想對你說愛的語言》字卡的初衷，是為了把無效、尖銳或很糟糕的互動，轉化成彼此連結的時刻。我喜歡把這本書視為急救箱，在關係逐漸偏離正軌時，快速激發善意，扭轉劣勢，修復親密關係。其中含括127張我稱之為《現實生活字卡》的內容，都是一些直截了當、毫無防衛的信息，這些內容很給力，透過直探核心的「連結感覺」，而悄然逆轉卡關的互動過程。這些內容能事半功倍，是因為其中一人在關係僵持不下而持續緊張時，做出決定性的重大選擇——轉移方向；至於那些引發衝突的議題，通常包括：子女教養方式，金錢觀與性觀念的歧異，你竟忘了去領醫生開的處方籤？等等族繁不及備載，請依照脈絡，對號入座。這才是真槍實彈的競技場——你們兩人當下真正彼此相待的實況。

為了讓讀者更深入了解如何使用這本書，請讓我先告訴你這本書是在什麼樣的因緣際會下問世。我多年以來在諮商領域上，曾面對超過數百對伴侶與個人在關係互動上卡關的困境，也經常觀察而發現這些伴侶是如何在試圖連結與維持關係的努力上，太容易分心走神而偏離正軌。我看過好些伴侶一次又一次錯失婚姻研究大師約翰．高曼（John Gottman）博士所謂的「連結邀請」。我親眼見證多少妻子對她們的丈夫鉅細靡遺地解釋對方哪些做法讓她們備感痛苦，無論妻子多麼熱衷努力，最終仍不見關係有所改善或更親近。我的結論是，若要把破損的關係修復好，重要的關鍵是深化脆弱感。於是，我開始引導（或最好能激勵）那些心煩意亂的伴侶，把表象的鬱悶推往更深層的內在感知去探索，然後，向所愛的另一半表達他們什麼時候感覺自己像個隱形人，被藐視、被訓斥、被貶抑、被侵犯、被欺凌、被羞辱、不受賞識、被輕忽、被冷落、受困、被捉弄或對方根本充耳不聞。

通常，這可以很大程度上緩解劍拔弩張的對峙，尤其當雙方都一起分享、且深感被對方接納，成效會更令人滿意。然而，我還是忍不住察覺這樣的張力紓解，很多時候，還是無法完全消除芥蒂，而恢復溫暖與親密。伴侶或許會因為冰釋前嫌而鬆了一口氣，至少確定對方不再生他們的氣，自己過去的行為反應對他們所愛的人至少已獲得理解。就算一切看似恢復風平浪靜，還是少了真情流露的擁抱，無論是肢體的擁抱或情感上的熱切擁抱。伴侶之間或許可能在衝突處理上高分達標，然後繼續各自為政，原來期待誤解釐清後可以重修舊好的親密關係，終究事與願違。

那段期間，我熱衷探究親密溝通的高效能，同時也埋頭尋找語言以外的溝通出路，而我當時正好面對伴侶諮商經驗中最咄咄逼人的一位妻子和情感上澈底處於挨打劣勢的丈夫。在如此難以招架的過程中，那種似曾相識的感覺，難以置信到我只能稱之為上帝的特殊幽默或「神介入」般不可思議的因緣際會，眼前這對伴侶彷彿特別派來扮演我父母的角色。一如我在童年時無數次親眼目睹的「戰事」，這位女士對她內向的丈夫不留情面地大肆批判，而面對氣焰高張的妻子，丈夫越來越口齒不清。我記得這位妻子嗤笑丈夫在職場上做了個「愚蠢至極」的決策。我發現自己突然在「反移情作用」的情境下，變得麻木無感，就像小時候我最慣用的應對方式。我忽然失了方寸，不曉得如何繼續面對眼前的個案，第一次高度懷疑自己的諮商能力。與其說是有意識的諮商行為，還不如說是我走投無路下的突發奇想，我在辦公桌上抓起一張廢紙，潦草寫下：「把我當成你心愛的人來說話」，並在幾乎啞口無言的丈夫耳邊低聲說道：「把字條舉起來給她看。」

丈夫依照指示做了，頃刻間，原來盛氣凌人的妻子瞬間態勢軟化，當她口中喃喃說出「我一直都那麼挑剔，是嗎？我應該要對你更好才對」這句話時，她丈夫和我都大吃一驚。丈夫在椅子上調整坐姿，挺直腰桿，他所傳達的信息顯然助他贏回一些尊嚴。他的眉宇間尚未舒展，臉上仍無笑意，但當他直視妻子時，我第一次發現他的眼神裡已沒有畏懼。數秒之內，之前的權力角色互換，微妙的變化瞬間瀰漫空氣中，夫妻倆以一種更真誠、溫和與有來有往的互動，開始交流。不久，兩人已能專注針對孩子的議題達成共識與決定。他們看起來就像真正的朋友，平起平坐。

為什麼這副字卡好用？

我覺得那一天現場目睹的見證，是老天對我禱告的回應，那張紙條彷彿傳遞了某種魔力，可以治癒破裂的關係，但實際上到底是怎麼回事，坦白說我也不太確定。過去這數十年間，我和越來越多伴侶接觸（也越來越明白我個人的反應機制）且逐漸累積更多認知與經驗。

讓我們從一個問題開始。如果和所愛的人共處於溫暖又親密的空間是如此令人嚮往與美好，幸福到被喻為人世間最水乳交融的極致體驗，那為什麼一件雞毛蒜皮的小事就足以破壞伴侶間的好感情，甚至難以修復？如果毫不起眼的分歧已構成破壞力，更別說是火力全開的衝突了，根本回天乏術，為什麼會不堪復原呢？有時候當你的伴侶真心跟你道歉了，你也聽到對方致歉了，也感覺對方的滿滿誠意，但為什麼你絲毫不覺任何輕鬆或欣慰？你念念不忘的，仍是更早以前對方以強烈的語氣來形容你搞丟的收據「是那麼重要」，而批評你缺乏責任感；或較早前你以為自己的言論多機智而不致讓伴侶感覺被貶抑，但對方確實感覺自己一無是處；為什麼當你被質疑後——無論任何議題——對方的道歉抵銷不了伴侶控訴的「那種語氣」？

設想一下這種情境。你和伴侶對某晚的特別約會滿心期待，等你們終於坐上車子準備前往餐廳時，雙方都有些疲憊而少了些輕鬆愉悅感。想像蘿拉與麥可這對伴侶，引頸期盼結婚九週年的晚餐約會：

「我們應該是要一起度過這個特別的夜晚啊，麥可，就只有我們倆的獨處，可是你卻得跑來跑去忙著接電話。（語帶懇求）拜託嘛，這是我們的結婚週年紀念日欸……」

「蘿拉，我們有一整晚可以膩在一起啊。你知道我也想和你一起約會，我好幾個禮拜前就已經訂位了。（有些輕微惱怒）你幹嘛鑽牛角尖去專注小事而破壞所有事呢？」

「我破壞所有事？我只是讓你知道我的感受啊。要不是約會今晚就結束，你覺得你會聽我說我的感受嗎？如果你真的在乎這個屬於我們的夜晚，你就不會第一時間去接電話。」

「你為什麼不問問我接電話的原因？你如果問我，或許那會讓我覺得你不只在乎自己，也關心別人。蘿拉，你應該知道我和泰利在辦公室的關係有些緊張，你為什麼不先相信，這個電話我有非接不可的理由？」

「問題是，你每一次都有理由。那為什麼你不能為我想一下？每一次我們難得獨處時總是不斷被打擾，你知道這讓我感覺很不舒服嗎？我覺得和泰利比起來，你好像更在乎和他相處，而不是我。」

「夠了！我現在真的被你惹火了。停止分析了，蘿拉。如果你更有安全感一點，你就可以讓我去快快講個電話，而不必小題大作，好像整個世界快崩塌了。」

「喔，是嗎？如果你更有安全感一點，你就可以任由電話響而不必急著接，免得你的世界會崩塌啊。」

伴侶諮商師在家裡會打電話、接電話嗎？我們也會。但為什麼一個單純的時刻，會變得如此錯綜複雜？一場歡喜期待的浪漫約會怎麼轉瞬間就變得苦澀失味？為什麼蘿拉不能停止抱怨？為什麼麥可渾然不覺妻子受傷了？為什麼兩人都執著於證明對方麻木不講理？為什麼這種相互指責的惡性循環很難喊停？繼續探討蘿拉與麥可的議題之前，讓我們先來掌握一些背景與角度，藉此理解這些循環背後的脈絡。

對初學者來說，請你感受一下這樣的想法：「我們從來不會為了自己怎麼想而懊惱」。這句話在什麼情境下可能行得通？讓自己沉澱思索一下：我們從來不會為了自己怎麼想而懊惱。

很多年前，我的室友辦派對，當我不小心把我的化妝包放在浴室時，我感覺她渾身不自在而過度介意與不滿，她確實已提前要求我把浴室保持乾淨整齊。但我其實白眼翻到背後，心裡嘀咕，這麼嚴苛的監督標準根本沒道理（我的意思是，拜託啊，不過就是個化妝包嘛，大家都把化妝包放浴室好嗎，有必要那麼小題大作嗎？）。往深一層檢視自己的內在，其實：我覺得受傷，因為她對我的清理不滿意；我也開始焦慮，心想她可能由此而聯想起過去我做事總是粗心大意；發生這樣的紕漏疏忽，讓我覺得有些沮喪，這下她會怎麼看待我們的關係呢？我們的友情會受影響嗎？她提出一個發自內心的要求，我竟連這麼簡單的要求也搞砸了，我很羞愧。不過，某方面來說，當我翻白眼而不屑她過度嚴謹與不可理喻時，這些都是一種防衛反應，藉此掩飾我內在翻湧的糾結情緒。當然，可想而知，在她表達不認同的態度背後，她一定覺得我不但不在乎她的要求，甚至還嘲笑她，她會覺得失望，或許從此不再相信我會把她交辦的事做好。

由此再往更深一層追溯，許多這些隱藏背後的情緒感受，大多源自童年時沒有被滿足的需求——被看見、被聽見、被肯定、被珍視。其實，我大可為自己忘記收好化妝包而跟室友誠心道歉，但我知道一個道歉根本不夠，因為我知道對她來說，這不僅止於單一事件，她需要全面了解整件事的緣由。且不管對錯，某部分的她會覺得自己的要求不受重視，對我無計可施而放棄。就算我對她做足一切同理心該有的表達——這確實是個意義不凡的里程碑——但問題是，某部分的我還是覺得她小題大作而覺得自己被貶抑了，更何況我不相信她可以持平面對我整理家務的隨意輕率其實也是人性的一部分，受挫的我，要怎麼真心表達這份同理心呢？回頭想想，兩個人如果能突破中度爭執而冰釋前嫌，已經是非常難能可貴的事，更別提火力全開的大衝突了。遺憾的是，這往往正是地表上的冷戰之所以這麼普遍的原因，遑論持續不斷的全球大戰了。

讓我們回到剛剛那對慶祝結婚週年的夫妻，蘿拉與麥可。我們看著兩位一心期待浪漫夜晚的伴侶如何轉瞬間一言不合而偏航翻車。在這段針鋒相對的拉扯中，蘿拉顯然相當確信丈夫對他們難得的獨處約會不如自己用心投入，把丈夫分心走神接電話視為不專注的「證據」。麥可也很受傷，他覺得妻子既無視自己的用心，也漠視他所面臨的處境。受傷的麥可看不見蘿拉的受創與憂心，而蘿拉也渾然不覺麥可其實很需要妻子的諒解，就算他在乎工作但也絲毫不減他想和妻子約會的渴望。

不過，從「我們從來不會為了自己怎麼想而懊惱」的角度來看，可以證明蘿拉內心的傷害，不只是麥可不夠專注在約會上的這個表面行為，事實上，恐怕還有比眼前這個「證據」更大、更早就存在的傷害與恐懼——她是個不值得被優先考量與在乎的對象。是這個根深柢固的根本價值，比麥可怎麼認定還要更本質性的價值，使蘿拉焦慮不安，甚至因此讓她顯得無情漠然。

再加上蘿拉一開始因丈夫接電話而表達懊惱時，麥可並未立即回應：「寶貝，我完全明白你可能會擔心我們難得的結婚週年約會都和我的工作綁在一起。如果我這麼做的話，你是全世界最有理由生氣難過的人。」假如麥可一開始就這麼深明大義地回應妻子，必可免於一場脣槍舌劍，還能把麥可捧為年度最強暖男代表！為什麼呢？因為他撫慰了蘿拉和我們所有的傷痕、也彌補許多我們健康時所渴望的——通常是我們童年時匱乏的經驗，一種不被所愛的人重視與「被感知」*的經驗。如果蘿拉小時候已充分「被感知」，她的自我價值感會把丈夫的中途來電，視為輕微的打擾而嬌嗔微怒，而不是一場災難。她或許會開玩笑坦承自己很煩，甚至可以這麼調侃丈夫：「好吧，老爺，你可以接

---

*「被感知」這詞彙，是靈性導師巴倫在其著作《從來沒有「負面情緒」這回事》（*There's No Such Thing as a Negative Emotion*）中，所提出的情感表述。

電話，但你每多講一分鐘就要回頭幫我按摩兩分鐘！」即能充分表達小小不耐，又可讓關係與氛圍保持輕鬆友善。

伴侶衝突後的裂痕經常在療癒時治標不治本，因為祭出道歉與承認錯誤，都唾手可得，而且聽起來是誠意十足的道歉（「你是對的，我不該去接電話」），但並未真正達標。這些道歉充其量只讓對方覺得自己生氣有理，卻無法滿足對方「被感知」的情感需求。除非甲伴侶承認自己的行為對乙伴侶已造成衝擊，這比「只承認自己的行為本身很愚蠢」，還更有意義。好吧，別讓麥可一肩扛起過於沉重的責任。蘿拉其實也沒讓自己有機會「被感知」，譬如嬌嗔甜蜜表達：「嘿，週年紀念老伴，你給我聽好喔，能不能請你體諒一下，接電話這件事會觸怒我啊？」但因為蘿拉沒有這麼表達，所以，另一個「沒有說出口的議題」開始在兩人之間蔓延開來：「當你不承認你的行為已對我造成衝擊時，我會覺得自己毫不重要，可有可無。」在這個感受背後，隱藏了更深一層說不出口的恐懼：「如果我無法讓我在乎的人理解他們對我的影響，那我肯定有問題。所以，我一定是真的微不足道。」

麥可大可隨心所欲地道歉，同時對妻子承諾保證一番，但他或許對糾結蘿拉心中的小劇場一無所知，更不曉得妻子的許多感受早已和表面議題差了十萬八千里，因為無知而一再讓兩人獨處的約會被電話中斷。別忘了，到目前為止，我們只處理蘿拉的隱藏版心理區域，而且可能只是其中一部分而已。麥可也讓他一籮筐早已存在的個人傷害浮出檯面：批判論斷的期待，懷疑自己是否有能力「把事情做對」，擔心自己是否真能取悅一個女人，難道自己之所以被愛，是取決於他的付出而非他這個人？各種困惑，都讓麥可深感痛苦。

在我提出更多理論之前，讓我們重返實驗現場，重訪蘿拉與麥可一觸即發的攻擊爆點：

「問題是，你每一次都有理由。那為什麼你不能為我想一下？每一次我們難得獨處時總是不斷被打擾，你知道這讓我感覺很不舒服嗎？我覺得和泰利比起來，你好像更在乎和他相處，而不是我。」

「夠了！我現在真的被你惹火了。停止分析了，蘿拉。如果你更有安全感一點，你就可以讓我去快快講個電話，而不必小題大作，好像整個世界快崩塌了。」

「喔，是嗎？如果你更有安全感一點，你就可以任由電話響而不必急著接，免得你的世界會崩塌啊。」

現在，想像和你針鋒相對的對方，手中拿著這本書，請翻到情境1，舉起那一頁的字卡：「感覺真的很糟。我們可以重新開始嗎？這一次我們真的互相傾聽，好嗎？」

想像一下，冷嘲熱諷的攻擊對話中斷，不甘示弱的防衛感消失。或許他們彼此的笑容都有些尷尬僵硬，但他們之間流露的情感是真摯的。想像他們當晚約會的對話，關機重來，但這一次注入了溫柔與關愛。

才幾分鐘前，蘿拉與麥可似乎共同朝向痛苦又熟悉的惡性循環而墜入深淵，但現在，撥雲見日後，我們聽見這樣的對話：「謝謝你啦，寶貝」、「我們差一點就把今晚的約會搞砸，那種感覺真的很恐怖」、「當你翻到那一頁的字卡，我感動到不行」。我們甚至會聽到他們可能這麼說：「對不起，我沒有好好聆聽」、「讓你感覺那麼難過，我真的很抱歉」。此時無聲勝有聲，夫妻倆彼此凝視。「我特別喜歡那種彼此都記得我們仍然相愛的感覺。」

不管我們討論的對象是蘿拉與麥可，或在我的諮商室裡觸動我倉促寫下第一張字條的那對夫妻，或你身邊那位和你同居屋簷下的伴侶。任何親密關係的撕裂，往往是發自我們最原始的個人掙扎——期待被聽見、被感知、被認同。無論你和伴侶是砲火猛烈的攻擊或不自覺地疏離躲避，你們彼此的自我意識都岌岌可危。如果想要和解，不僅需要放下怨懟不滿，還得卸下自我保護的面具；從這個角度來看，書寫的文字正好派上用場，讓文字來扮演和事佬的溝通角色，最適切不過了。

在這種情境下，能做到「不撂下狠話」，已經是個了不起的操守。然後，再用心去搜尋並選用合適的字卡。即使衝突中的伴侶，都共同認定這是「真正的關係行動」與非常溫柔的時刻。就那麼一瞬間，舉字卡的伴侶已明確將訊息傳達給自己的伴侶，想讓對方知道：

• 他已放棄某些防衛，包括其中最難放下的自尊；

- 她現在正努力把彼此的關係看得比自己的身分地位還重要；
- 他並不像伴侶所擔心的那樣，喜歡堅持自己的負面情緒；
- 她真的希望彼此的關係可以更親近些；
- 奇妙的是，才幾分鐘時間，他就變得比之前更寬宏大量。這麼看來，那張字卡真是大禮。

當一對夫妻處於回應狀態時，那些理論上可能驅動你們往和好方向的口頭陳述，很容易失效，因為衝突而受傷的個人，往往需要捍衛尊嚴、不甘受辱而忍不住惡言相向。說來容易，口說無憑，這就是我們彼此成天在做的事。脣槍舌劍的戰場上，戰士通常忙著思考下一句駁斥言論，他們根本渾然不覺任何和解的態勢。

更重要的是，口頭傳遞的訊息，往往被認為誠意不足，因為試探性的聲調或冷嘲熱諷的酸言酸語，可能隨時衝口而出。尤其個人的語氣——無論真實或想像的——都舉足輕重，影響很大。如果說話的人無法說出宛若天使般的甜美聲調——在怨恨與放下之間的灰色地帶應該聽不到——接受的一方通常會專注於比較情緒性的某些姿勢，譬如淡淡的惱怒氣氛一般會伴隨這句「夠了喔」！這麼一來，被冒犯的一方自然看不到和解的意願與努力，進而反擊對方欠缺誠意。「別以為你隨便喊幾句就可以要我閉嘴！」此時，我們內部的冒犯檢測器正式吹起宣戰號角。開打！

語言的有限與劣勢，就是文字訊息的優勢。視覺風格的新穎感覺，使閱讀的人對文字訊息耳目一新，好感倍增。這樣的回應與肯定，讓傳達訊息的人備受鼓舞，而勇於邁開第一步，克服人性對「順從」這角色的抗拒。除此以外，文字格式還有另一個優點——在一定程度上消解雙方對「被傾聽」與「被認真對待」的憂心。

就算你不是情商天才你也能理解，首先釋出善意與關係修復的訊息，都得冒一場情緒的風險，但也因為這樣的認知與意識，即使是類似「對不起」等平淡無奇的訊息，普遍上幾乎都能讓接收的一方感受滿滿誠意，而且還被當成發自真心的個人表態，這樣的成效確實令人驚訝。

當一對伴侶感覺自己是受害者並開始防衛時，他們隨即跳起「憤怒之舞」，這是心理治療師海瑞亞．勒納（Harriet Lerner）博士在她的同名著作《憤怒之舞》（*The Dance of Anger*）中所提出的名詞，劍拔弩張的雙方一旦深陷這種狀態時，任何與情感相關並能引起共鳴的特定訊息，都能讓人平靜下來，同時重新凝聚關係。但要記得，這整個情感轉換本身，就是一份無法言喻的神奇厚禮。這是因為，出示「關係修復」文字訊息的人，正努力把兩大重要行動帶進戰區內：給予、接受。這些是建構愛的基本元素，於是，這段情感互動直指核心，敲醒兩個漸行漸遠的伴侶，指引他們返回初心，也重新思索一開始的期待是什麼。當一方給予一些東西——在我們的情境下，給的是字卡——而另一方接受時，這一給一收的動作，其實正是一種理性之愛的預習。清楚明確的一來一往，提醒你和你的伴侶，有些事比爆發衝突的感覺好得多，更何況，你們確實有能力讓這些好事成真。

如何使用這本書？

在面臨壕溝戰或搶灘之際，把這套《現實生活字卡》派上用場前，我建議你最好能完整讀一遍。有些內容可能帶有衝擊力，使你感覺悔不當初或白白錯過好時機（「男人啊，上禮拜當……時，問題其實可以迎刃而解。」）。在大部分的關係互動中，一個禮拜前迎刃而解的方法，我幾乎可以確定，挪到明天也會很好用。有些字卡的內容，可能是你覺得此生從未想過要分享的想法。有些字卡訊息說的不是別人，而是彷如說盡了你「自己」。就讓你沉浸在這片關係修復的宇宙天地裡吧，擁抱各種重修舊好的可能性。在每一張寫好的字卡背面，我加上一些個別內容的現場註解與一些建議，讓你掌握最佳使用的時機。你只需要閱讀字卡與背面的現場註釋，你大致上就能隨機應變，盡情發揮你的反應力。

本書中的字卡訊息分成十一個不同組別，幫助你找到最適切的語氣和最佳措辭，以應對你當下面臨的各種處境，無論是難受折騰或痛不欲生的狀態。九大組各不相同，包括：情境1轉換氣氛、情境2設立界線、情境3表達脆弱、情境4承認錯誤、情境5表達心聲、情境6澄清解釋、情境7誠心道歉、情境8表達愛、情境9尋求和解、情境10關於性愛、情境11深化信任。想像一下，你陷入一種逞凶鬥狠的狀態，但你其實「有點」想要朝著比較友善的方向努力（我之所以說「有點」，因為那通常是我們一開始的想法；字卡的訊息就是依此最初的起心動念而設計的，要讓你全心保有初衷）。如果沒有一個預先設定的訊息來引導你，請瀏覽目錄中的分組列表，找一個符合你當下處境與情感狀態的方向，傾身投入。當你感到來自伴侶的威脅時，你自然想進一步去「設立界線」；而四面受敵與防衛姿態可能使你「表達脆弱」，並對你的伴侶所暗示的事困惑不解，你也擔心對方試圖要「澄清解釋」的議題可能只是個重新進攻的絕佳角度。諸如此類的因果循環。記得，那些索引難免主觀，但卻是合情合理的，而所謂「完美訊息」也可能出乎你的意料之外，竟和你最初以為的樣子，截然不同。

如果大家說的都是實話，為了《我想對你說愛的語言》轉化為某種概念，那麼，主題聲明的索引就成了最具挑戰性的部分。字卡訊息的詮釋相當主觀——即使從客觀的角度來看，每一則訊息內容都可以在合理又充滿彈性的狀況下，被歸納在幾個不同類別中。

譬如，我們把這張字卡——「我知道自己的怒氣破壞力很大，我真的已經傷害到你了。」——歸屬情境4的「承認錯誤」。這是合理的歸類；因為出示字卡的一方，需要為接收伴侶所可能承受的衝擊，負起責任。但在另一種情境之下，同一張字卡也可以放到「表達脆弱」的情境3中，因為當我們承擔起自己的所作所為時，那絕對也同時讓自己處於脆弱的位置上。我們無法預知自己的脆弱會被對方疼惜接受，或被對方當成加碼指控「傷害有多深」的反擊。其實，這句「我知道自己的怒氣破壞力很大」隱含著「對不起」的歉意，由此可見，即使在另一種衝突情境中，也可以把這張字卡應用於情境7的「誠心道歉」標題下。

除此以外，整本書中的幾乎所有訊息，都可以歸類到「表達脆弱」的情境中，因為從衝突中的戰鬥前線起身離開，這行為本身已是最脆弱的表態：「我放下武器，向你表達我多麼想再靠近你一些。」而且你還要冒個對方不領情的風險，甚至可能直接拒絕你。同理，出示字卡的一方，也被視為轉向情境1的「轉換氣氛」行動，而且通常是朝向情境9的「尋求和解」方向前進，當然，前提是你的伴侶能以高度讚賞的胸懷，來肯定你有如此決心與魄力來調整心態，把緊張局勢轉為更人性化的方向。同樣的，幾乎任何字卡內容都可以當成「表達心聲」的一種形式——人際間或親密或自然的互動形式。退一步想，或許口說的言語聽起來未必悅耳親切，但先出示字卡的舉止，其實就已是「表達愛」的最高表態了。另外，「設立界線」的分組中有張這樣的字卡——「在你身邊好像如履薄冰，我討厭這種動輒得咎的感覺」——你在美國老字號的合瑪克（**Hallmark**）卡片系列中不會找到這樣的內容，但卻是你與伴侶之間可以私下分享的感觸，這樣的行為傳遞一份強大的能量與意涵：「我希望和你在一起時能感到安全自在」——這段信息背後還有另一句沒說出口的心聲：「當我感覺不安時，靠近你是件可怕的事，但我多想和你更親近啊。」我相信大部分人如果收到愛人寄來一張印上這些內容的卡片，一定如獲至寶。說不定會感動到融化了。

總的來說，這些字卡的順序，確實有一套可理解的脈絡，我猜想，或許當你開始閱讀之後，你會明白這些安排的邏輯與意義。雖然如此，我還是想用一些時間來向你——親愛的使用者——親自說明字卡的特殊性和難以精準明確的限制，免得你在猶豫是否使用某個訊息時，卡在當下而進退兩難；比方說，當你準備要採取情境7的「道歉」行動時，但你翻到的字卡內容卻把你帶到另一個截然不同的處境。或者你當下所面對的特殊情境和我對事情的片面觀感剛好天差地遠，同時也完全和你及愛人固有的特殊互動方式背道而馳。

雖然一般而言，提供信息遠比呈現完美的信息更為重要，但在某些特定時刻下，還是需要原創性的信息。曾經有位女性朋友告訴我她如何藉由一封寫給丈夫的信而把悲慘的互動大逆轉，信件內容是這麼寫的：「我其實並不真的恨你。只是當你告訴我必須取消派對時，我幾乎抓狂了，因為策劃那場派對感覺上就像我對你愛的表態與感激。」創造你個人的文字信息，可以是表達自尊自重的方式，不僅對你自己、你的關係，也包括你通情達理的承諾，都是一種優美而獨特的方式。為此，本書的最後篇章中，提供了一些空白頁，讓你自由發揮與書寫。

多年來，當我推出《現實生活字卡》的概念時，有人會質疑這整個想法是否對使用者友善。我完全理解那種實況：「我應該如何在一觸即發的狀態下找出回應的訊息？那種卡住的感覺好糗，而且很費時啊！」我為此花了好幾年時間，不斷思考要如何把一套索引與機動性的功能，發揮到極致。不過，我最近開始重新檢視。如果「魔幻溝通精靈」瞬間就把最完美的訊息放到你手中，相信我，有些東西還是會丟失的。重點不只是讓你的伴侶平靜下來，而是要開創一個讓雙方清醒的間隔，在此間隔中，幫助你有意識地踩下離合器準備「換檔」（轉換氣氛），同時選擇正念思維，而非被動的反應思維。你是參與其中的一分子，但這一切都需要你耗時與費力。

你很少會因為前面已有兩個人在排隊而想要轉身離開星巴克或提款機吧？不，你會耐心排隊等你的拿鐵咖啡或提款。如果你已知道有一套設定（並非任何無關緊要的點，這也是為什麼在一個完美的世界中，人人都該擁有自己的一套設定），那你就可以省下不少時間尋找相關訊息，比一杯拿鐵咖啡的訂購與送餐時間還快。我們現在說的可是你和伴侶的關係，拜託，這比咖啡還值得你付出心力吧！

所以，事實就是：你手中的這份禮物，到底是否「對使用者友善」，其實是其次，「使用者是不是友善」比較重要。

另一個我經常聽到的問題是：「如果我的伴侶不願意使用這些字卡，那我該怎麼辦？」情況可能是其中一人熱衷嘗試使用本書中的「修復訊息」而另一半則興致缺缺，還抱持質疑，甚至發表貶抑言論如「太造作刻意了吧」或「愚蠢」或「我們的溝通很好啊，你怎麼會覺得我們需要這種玩意兒？」等批判。我的建議是，當時機成熟時，樂於使用字卡的夥伴，不妨簡單出示一張和解的訊息（譬如：「我知道我劃錯重點了。拜託再給我一次機會，好嗎？」）。然後，省略大張旗鼓的表態，你們兩位可以留意後果如何。你的伴侶一旦體驗過這些訊息的療癒能力，可能就會慢慢提升對這套《現實生活字卡》的接受度。

我另外要補充說明的是，一開始使用這本親密關係手冊的人，難免有些侷促不安，這是普遍的正常現象。任何親密的示意，其實都可能因預期的尷尬而受挫。這本《我想對你說愛的語言》的精神，是讓伴侶為了長遠的互相修復，而願意多走一哩路，先做一些或許令人感覺不舒服的事。「意願」這件事，其實就是一件充滿愛的事。當字卡訊息越能反映你的實況，你就越能欣然接受它。

最後，我鼓勵你勇於體驗，尤其試試使用《我想對你說愛的語言》所設定的標題訊息。這是非常療癒人心的陳述，你還可以在第20張字卡的「現場筆記」中發現更多相關信息。不要忘了，在任何真正的權力鬥爭中，只要任何一方願意主動出示發自內心的訊息，光是這行動就已意謂著「拜託啦，讓我們來談談麼，就像我們真的彼此相愛啊。」字卡訊息之所以奏效，是因為這些內容觸及我們長久以來在探索的東西——彼此共享的覺知。我們之間的連結比我們的差異，重要太多了。

我希望這本《我想對你說愛的語言》，能激勵你對自己與生俱來可以治癒任何關係難題的能力，永遠深信不疑。等你終於撥雲見日，一掃陰霾密布的抑鬱後，你會發現原來自己那麼可愛。祝福你享有隨之而來的平靜安穩與喜樂。

情境 1

轉換氣氛

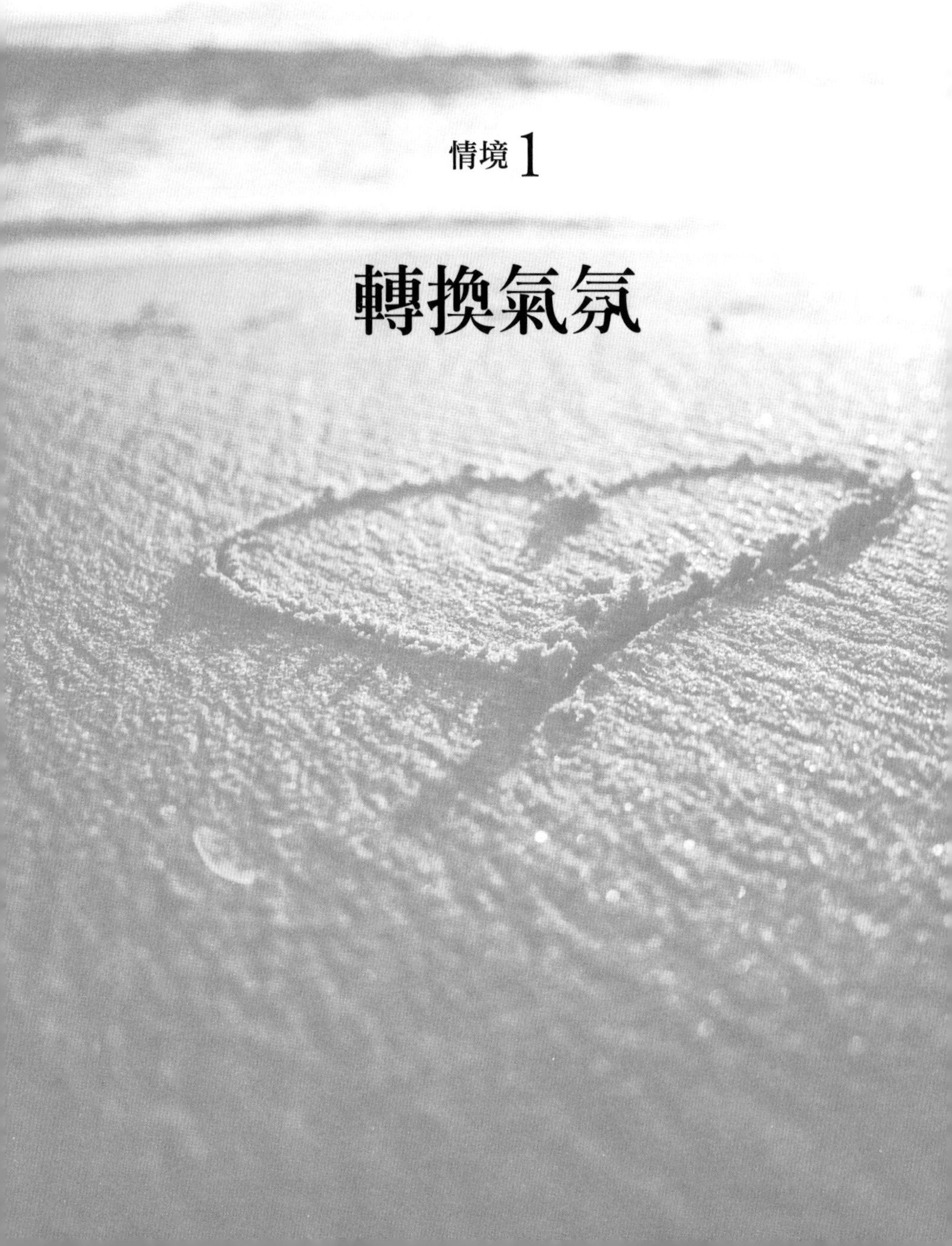

這套特別分組的字卡，直接表明你的人際互動不順利，出示字卡的發送端給你們雙方一個機會，看看是否能往一個更理想的方向前進。其中許多內容提醒你不要反應過度，寧可多些聆聽；另外一些訊息則建議給彼此一些設定底限的個人空間。整體而言，這些字卡傳遞一個最基本的重點——當下的狀況不太好，你們其中一人決定提出不一樣的要求。

當然，信息背後所附加的情感或情緒反應，難免不夠明確與具體（譬如「我覺得受威脅」或「你很固執」），但這些內容已反覆被證實可以轉化一段乏善可陳、冷漠僵化的關係，或澈底修復偏離軌道的互動，只因為其中一方願意深入探究，坦然表達自己在當下最需要的真實感受。

這些字卡信息會引導你踏上一段越來越寬廣的信任之旅，藉助你內在自我覺知的力量，把差強人意的關係轉換一新。你甚至可以開始單純想像一下，有一天你若對伴侶亮出這些字卡時，會發生什麼樣的情節。無論你如何啟程，從明確的實況或純然的幻想，你都可以隨機應變，依照不同狀況打造屬於你自己的模式，想辦法從不友善的表象情境，找出一條可親可近的入口，再循序漸進。

1

「感覺真的很糟。我們可以重新開始，而且真心彼此聆聽嗎？」

字卡內容很多，各自精彩，但這看似普通淺顯的訊息之所以會名列第一，其來有自。這是一句堅定有力的介入。首先，我幾乎可以向你保證，字卡對接收者的提示完全超乎他或她的意識與預料之外，而且你也絲毫不享受這過程。這是什麼概念啊！這麼想吧，當你和伴侶之間的互動變得窒礙難行時——涵蓋面可能從「搞不懂」到徹頭徹尾的匪夷所思——你會不會想說「馬迪一定和我一樣，絲毫不享受這些衝突過程」？不，你大概不會這麼理性考量。事實上，你甚至可能覺得馬迪根本就享受所有「這些」過程。因此，當你向心力交瘁的伴侶出示這張字卡時，你幾乎可以確定對方立即「消解對你的敵意」，甚至轉瞬間就讓對方訝然驚醒——怎麼會忽然就一發不可收拾，搞得彼此灰頭土臉、劍拔弩張呢！其實你們都心有同感：面對這些正在發生的衝突，厭惡至極。

「真心彼此聆聽」這句話，是另一份禮物。舉字卡者表明一件了不起的事：「我知道我們倆都沒有好好傾聽，包括我，寶貝。我願意捲起袖子去處理一些能扭轉當下的痛苦局面，我覺得這件事很值得去做。讓我們抽離這種狀態，留心傾聽彼此的心聲。我願意這麼做，你願意嗎？」

這是妙用無窮的一張字卡。我只想提醒你要注意這一點：你可以把內容隨機應變，看情況調整成更有責任感些，不妨先承認自己不善聆聽的缺點，尤其當你的伴侶其實防衛心不強時，建議你可以把字卡中「我們可以重新開始」的「我們」改成「我」，讓你真的成為聆聽對方的人。

2

「我承認我對你有防衛心。能不能請你講話不要那麼激動？讓我和你在一起時可以覺得安全自在。」

你會慢慢發現，就算是防衛，也從來不是真正的問題。回想這一路走來的無數衝突，唯有那些不知不覺的防衛才是最狠的殺手。但只要你們其中一人懸崖勒馬，卸下防禦，無形中便把放下的意願，帶入寬敞的空間中。當你坦承「我知道我對你有防衛心」意謂著你有意識地做出大轉變，從一個無意識的反擊、防守、窮追猛打或保留抗拒的態勢，轉而成為一個理智清醒、自我覺知的人，以高度的包容力來探究內在心態為優先選項。當這麼一位「探究內在」的伴侶願意出示這張字卡時，他已毫無保留；我可以保證，接收端的伴侶會立即冷靜下來。以我幫助過無數伴侶諮商所累積的經驗，我一次又一次發覺，那些所謂「講話激動」的伴侶，通常是因為打從內心不相信自己的伴侶會真誠接納他或她。

與此同時，一個樂於探究自己內在防衛心態的人，也是個值得你信任的人，因為他已不再把精神耗在自我保護的目標上，他願意用心去聆聽。他除了坦承自己的防衛心態以外，也傳達一些重要訊息——他願意肯定對方的感受真實無誤。我們看見舉字卡者並未要接收的伴侶閉嘴。發送訊息的伴侶，邀請對方以一種「更容易讓別人聽見的方式表達自己」，又讓對方知道他想和她在一起時能感到安全自在。這樣的互動，是雙贏。

這張字卡最早的設計內容是：「能不能請你以更溫和的方式說話？讓我和你在一起時可以覺得比較安全自在。」後果證實，尤其是女性接受者那一方，因為被認為不夠溫和而加倍挫折；把原來的衝突升級為另一波勢均力敵的防衛戰，場面益發難以收拾（「喔，所以你現在認為我冷酷無情了，是嗎？」）。這讓我想起一般普遍認知的重點：如果你想和對方在一起時感覺更安全自在，你大可不必讓他們認清自己的行為有多糟糕。只要明白告訴對方，你希望你們在一起時，可以感覺更安全自在。這樣就好了。

3

「我希望你聽到的是我對自己說『是』，不是對你說『不』。」

你知道為什麼我們沒有一張字卡寫著「不是針對你，別放在心上」？因為這是廢話。幾乎沒有人曉得如何「不去對號入座」。

如果瑪卓莉需要花十五分鐘和她的好友講電話，而保羅卻已準備好要看DVD了；或者瑪卓莉準備好要看電影而保羅需要十五分鐘查閱電子郵件；或他們其中一人想要冥想打坐或上床休息；或追一部扣人心弦的懸疑劇而另一人則蠢蠢欲動要做愛……想也知道，等待的一方肯定會覺得自己被貶抑、被棄絕，或覺得自己在另一半眼中就是微不足道。坦白說，童年期遭遇嚴重忽視或父母過度自我的人，可能難以區分「對自己說是」和「對你說不」之間的差異。

然而，即使是比較堅強的一方，也很容易因為伴侶的選擇而覺得自己被輕視，這張字卡就是為了緩解這份失落感而設計的。當衝突議題或實際狀況使我們不得不讓心愛的人失望時，人與人的關係中提供我們永無止境的「被迫選擇」時刻。譬如，你孜孜不倦地耗費許多心神，好不容易和一位具備高度潛力的理想客戶敲定了一個千載難逢的見面機會。當晚，你的伴侶告訴你，他已經掛號安排好就診時間，好巧不巧，和你的客戶約談時間完全重疊，而伴侶要你陪他一起去。這種情況下，當然，你通常會取消和客戶的約會，但是，當這些陪伴只是例行性的醫療看診，而取消這位客戶的後果卻萬分可惜時，你真的會感覺被撕裂般，進退兩難。你的伴侶會計較，也會放在心上。就算長年關注個人成長的伴侶，也難免會放在心上，耿耿於懷，但至少知道自己的心態。一個心胸豁達到毫不介意的伴侶，看來應該已修煉到某種境界，世間少見。總而言之，我們推薦這張字卡。

4

「我只期待你能以一顆敞開的心，來聽我說話。」

談到長期的關係衝突時，你想方設法去解釋、爭論或刻意避開雷區，其實這些努力的背後有份期待——請你稍微對我正在做的事表達一點興致，而且不要批評論斷，可以嗎？我要的東西或許你根本不屑一顧，我看的角度或許和你南轅北轍，但是拜託別把我的一切當成瘋子論調。只要你肯稍微聽一下就會明白，我的感受或行為都說得通，這正是此時此刻我對你的需求。

請注意這句話使用的語言——「我只期待你，聽我說話」。那是卑微的請求，只求個合理的小願望。事實上，你的要求或許合情合理，但絕非小事。你要求伴侶依照真實的你，去理解與接納你。別搞錯了，出示字卡的一方要求的是「所有的一切」，也因此，此人需要對自我價值有一定程度的信心。許多字卡的詞句只有單方面的功能，但這張字卡要處理的請求是如此強大，大到不容出示者表露任何猶豫矛盾的痕跡（譬如「我無法百分百確定自己是否配得所提出的要求」），以免引起接收端伴侶出現警戒的防護反應。但只要舉字卡的一方，打從內心相信自己值得被好好聆聽，而且不要求伴侶要認真待她，那她對自我價值的意識終將鼓勵她的伴侶放下戒備，欣然聆聽。

你或許希望每一件事、任何事都能毫無保留地敞開，但如果你的伴侶覺得，接受你的期待則等同嚴重破壞他的生活，甚至因此而備感威脅，那麼，這張字卡正適合在這樣的情境下使用。前一晚，你到鄰居家逗留了大半個晚上，他覺得被你澈底忽視，或因為你反對他的親子教養決定而讓他悵然若失。你想讓他知道，你其實是向鄰居提供攸關救命的關鍵建議，或你其實想試著保護你們的孩子免受無預期的羞辱。如果你能在發言前先讓他感知你已理解他的痛苦、理解他已願意敞開心懷聆聽你，那麼，他敞開的心，會更敞開。

值得你牢記：心，永遠都在關閉與敞開之間，開開關關。一顆敞開的心，會比關閉多開一次。就這樣，只多開一次。

5

「我很生氣，這不代表你是個壞人。我想說的是，你如果肯聽一聽，我會覺得深深被愛。」

這是所謂關係的真相：當伴侶因我們的作為而生氣時，我們可以對她的怒氣視而不見，但我們無法忍受伴侶對我們生氣。

藍迪．羅爾菲（Randy Rolfe）在她的親子經典之作《愛不能等》（*You Can Postpone Anything But Love*）中，提出一個精闢的觀點：無論任何人際關係的互動，我們首先聽見的，往往是最抽象的訊息。意思是：大夥兒準備出門參加一場婚禮，如果你的伴侶因為你遲遲尚未梳妝打扮而語氣不耐，再對你生氣報告說待會兒要走的那條長島快速道路車況塞爆了。當下的你，通常不會把這番言論聽成時間管理的問題，或該注意自己對參加婚禮的禮節，或說得更直白，你甚至不在意他對遲到這件事有多抓狂。你多數時候只聽見：「史蒂夫對我生氣了。」

當這張字卡「我很生氣」出現時，你立即驗證你伴侶的實況，而同時也讓他們看見你的生氣是有限的，不會沒完沒了，也不是什麼盤旋到外太空的東西。小時候，當父母因我們的壞行為而生氣發怒，甚至覺得白疼我們了，我們其實無從得知這種「不值得被疼」的怨怒，會不會或何時才終止。雖然我們現在已成年，但要做到「即使知道自己的行為惹怒伴侶，卻仍覺得自己沒什麼不對」，這樣的人還是少之又少。當然，這樣的態度會造成防衛心，這正是字卡想要消解的態度。這張字卡是為了拔掉別人對你生氣的那根刺。字卡上的意思指的是：「我不想對你生氣，我想要被你接納。其實，我是想要被你愛。」告訴你的伴侶，你離被愛僅只一步之遙，比走到半途中才遇見某人要近得多、好得多！這是最美好的天賜良緣，讓彼此再次發現，其實兩人聆聽的意願會帶來巨大的改變。

6

「我現在毫無頭緒，不知所措，只能告訴你我承受很多痛苦。我知道你也是，我希望我們能更親和友善一些。」

說實話，雖然有例外，但我敢跟你保證這字卡的訊息比你對自己的了解還要深得你心，根本是你對天發誓的底線和真話；把你心裡的話說出來，是一種解脫，對嗎？

在不愉快的衝突場景中表達自己毫無頭緒與不知所措，並非什麼沒面子的事，反之，你的真實不矯飾，反而是一種深刻的謙遜與高尚人格。如果這世上真有人可以掌握先機，保有渾然天成的「親和友善力」，那你覺得地球上打不完的戰爭、離婚、接連不斷的苦難——更別說這本書的問世了——是怎麼接踵而至的呢？我們腦袋裡有太多「知道該怎麼做」的理論，其實是由瘋狂的自我保護驅動的：我想讓你冷靜下來，我希望你內疚自責，好讓你放過我，不因我的事與我對質；我要你看到我的好意；我要一一識破你合理化的理由；我想讓你失望卻又不要你討厭我……等等。

我當然確信你可以從這規則中找出其他破例，但說真的，請你回憶一下你和伴侶之間曾有過的爭執裂痕，再回想一下你曾做過最精彩的打擊得分或重振旗鼓。在那些特別的關鍵時刻，你是否也承認，自己的某部分其實也曾不知所措與傷痕累累，而一心期待彼此能更親和友善些？

這張字卡，拒絕偽裝造作，以真情實意的面目，出現在你伴侶前。這是一面不折不扣的求和白旗。你願意在彼此之間建立一種「走投無路」的實況，讓你的伴侶在充滿安全感的前提下，深覺自己值得被友好善待，更何況，對方也和你一樣，深陷痛苦，茫無頭緒。所以，當人與人之間很難找到解套的「終極出路」時，出示這張字卡，應該是朝向正確方向的起步。

7

「我知道你想修復關係，但現在我只想獨處。請不要覺得我是故意針對你。我愛你。」

這張字卡是「某人對自己說是、對你說不」的經典範例。可是，如果某一方迫不及待想要主動修復目前的僵局，而且是現在就要，那這段話恐怕連一句都聽不下去。這張字卡的目的很單純，只希望能把挫折感保持在「聽進一句就好」，當然最理想的結局是讓挫折感煙消雲散了。

兩個人經過一段痛苦衝突以後，如果其中一人還沒準備好和伴侶毫無芥蒂地生活講話，本來就無可厚非，合情合理。或許你怒氣難消、太失望或困惑不解（參考第8張字卡），你擔心自己一旦開始處理這些裂痕，只會搞砸而變本加厲。你的擔心其來有自，因為你的腦袋還義憤填膺地為這個案子辯護不休，你並不是特別想「修復」任何東西。也或者，你可能就是處於一連串的疲憊、心力交瘁、枯竭無力，就連個善意修復的來電也覺得無法負荷。

現在，這信息的獨特之處在於：這張字卡自帶一種「細膩入微、欲拒還迎」的修復形式。舉字卡者充滿善意地走進伴侶的內心世界，認可伴侶急切渴望修復的用心，也承認自己當下的婉拒很可能讓對方誤以為自己不夠重視這段關係。前面才說過這句老掉牙的話──「不是針對你，別放在心上」，是張可棄置的廢卡。然而，理解與認可對方很可能會因為對號入座而放在心上，則千萬要謹慎對待。請注意，最後那三個字「我愛你」可不是隨意填塞的東西。當你的伴侶偶爾因困惑而難以區分何為「被棄絕」與「健康獨處」的差異時，這三個字能讓伴侶吃下定心丸，靜待轉圜。

8

「坦白說我真的不知道我們之間到底怎麼了，我需要一些時間來釐清狀況。你可以接受嗎？」

你會在本書發現，有兩三張字卡似乎都敘述同一件事。譬如這張和上一張（第7張）字卡：「我知道你想修復關係，但現在我只想獨處。請不要覺得我是故意針對你。我愛你。」其實這是因為字卡訊息所承載的能量有所不同，如果發送端與接收端，以及當下的情緒氛圍越同步而緊湊的話，出示字卡的行為就越可能被視為一種愛的行動。

出示上一張字卡時，舉字卡者顯然已強烈感知到伴侶不斷高漲的焦慮感，與迫不及待想立即解決僵局的意願。相對之下，舉這張字卡的一方是，坦白說比較困惑不解。而當他在訊息中坦承自己的脆弱時，那其實已是療癒的部分元素。結尾的這句「你可以接受嗎？」帶出他對伴侶的關切，他知道自己對時間的需求，可能會讓對方悵然若失。但換個角度來想，單單要求一些「時間」其實比要求一些「空間」來得好一些，至少比較不會讓伴侶感覺被棄絕。

人際關係的挫折經常令人感覺困惑不解。在那些關鍵時刻下，我們內在的幼兒園小孩或十一歲屁孩常不請自來，不但自憐自艾，還動不動感覺自己被操控或被嘲弄。更糟糕的是，四個月前你掛我電話的那筆舊帳，竟然比十分鐘前你奪門衝去機場這件事更令我怒火中燒。新仇舊恨，我哪知？

我通常會在伴侶諮商近一個月時，停止諮商進度，誠懇地對雙方說：「暫停一下，我有點搞不清楚狀況。」神奇的是，從來沒有一位接受諮商的伴侶對我的困惑感到任何一丁點疑惑。總之，本來就困惑嘛。大家心知肚明就好。

9

「我不需要你和我的觀點完全一樣，但我需要你理解我爲什麼這麼想。」

在以下這兩種情境中，最適合出示這張字卡。第一種情境是，當你感覺你的伴侶對你充耳不聞，因為他們擔心一旦真的聽進去，就得去相信一些事或做一些有違他們本意的事。另一種情境是，他們擔心如果認真把你說的當一回事，那他們勢必要放棄一些戀戀不捨的東西。

她根本不想知道你怎麼會選擇在靈修避靜中心度過感恩節？因為這對她來說實在不可理喻又難以忍受，你怎麼會不和家人到她姊姊家一起過這麼重要的假日呢？而他也不想知道你對他出差的行程有多不滿，因為他擔心一旦把你的話聽進去了，他就得調整自己職場生活中很重要的一部分。雙方都陷入僵局。這張字卡扮演一個啟動重要原則的角色，那就是：當你的伴侶首先感受到你的困境與背後的緣由時，你通常會因此而領受來自對方的「回饋」，這比你藉由「一針見血、擊中要害」而試圖令對方改變還要有效。這需要一再強調。你的話值得被聽見。不過，相較之下，你越是發自內心想被對方真正聽見，而非「想要改變對方來配合你」，那麼，對方就越可能更柔軟與認同你。

第二種狀況是，你準備好承認自己這段期間所做的所有努力，其實都是想要讓你的伴侶和你觀點一致。歡迎你來到現實人生，我們都有這種人性傾向。而這張字卡最出乎意料的反諷就在於，你承認自己確實奢望要把對方拉進你個人的現實版本，神奇的是，你的伴侶竟然因為你毫不掩飾，而卸下心防，並樂於真心聆聽你比較理性的建議。

10

「我需要告訴你一件很重要的事，我希望你能用心聽，而非反應（若非反應不可，至少等五分鐘後）。」

本書的主旨不是要提供讀者對話的台詞，而是與優化你的對話品質有關，希望提升你被伴侶接受的機會。這張字卡很容易讓你如願以償。

你當然知道自己心裡多麼想開誠布公對伴侶說什麼。這些話你已經在腦子裡來來回回想了十七遍。你想像自己直言不諱說出心聲時，那種踏實、輕鬆和作自己的美好感覺，充滿胸膛：「你在教比莉數學功課時的那種嚴厲語氣，我聽起來很不舒服。」「關於我們的下一次度假，我有些想法要告訴你，但我覺得你會擔心花費的錢，你大概連聽聽我的計畫都不願意。」「我昨天回覆你訊息，我真的認同你說的，你的上司對你太輕忽大意了。但我沒告訴你的是，我其實也在想你到底是怎麼挑釁他的。」

當你越來越接近準備要表態溝通時，你開始發現自己越來越迷惑不解，越來越舉棋不定、沒把握，懷疑自己會不會太嚴苛，也擔心你的伴侶是否會自我抗辯或過度解釋，那些可想而知的針鋒相對與僵持不下，是否值得？為了讓自己全身而退又能適時傳達想法，那就出示這張字卡吧。如果接受的一方表現得有點緊張，那就告訴對方：「好吧，反應期限從五分鐘縮短到四分鐘半吧！一定喔。」

如果，接受端的反應很差（「不然是怎樣？」），那就簡單明瞭說清楚：「你那種『不然是怎樣』的回應，告訴我你在期待不好的事發生，這就是為什麼我需要出示這張字卡。」這張字卡是個五分鐘沉默按鈕，真的非常罕見。因為保持沉默對伴侶是一種壓力，出示者最好能藉此空檔想清楚自己要說的話，面對沉默的對手，要深思熟慮，不妄加批評，一次到位；這樣就能確保你下一回如果還要使用這張字卡時，可以出師順利。

11

「別害怕，我沒有抓狂。我只想說一件簡單的事。」

如果你還怒氣難消，能真正認清自己的狀況也不失為一件好事，至少你可以趕緊選擇離開戰場，但這不代表你的伴侶能安然躲掉你的颱風尾，而倖免於難。

其實，我們應該把字卡視為神聖無私的說明。想想看，你其實是要告訴那位戒慎恐懼、可能已負重難行的戰友大可放心，他其實安全無慮。但我拜託你，亮出這張字卡之前，請務必三思而行。你確定自己真的只打算說一件簡單的事嗎？因為如果你的伴侶已經完全相信你的本意正如字卡所示，而你一旦踩線犯規了，你會嚴重毀損你們之間的信任感，那你還不如把這本書丟了吧，將來也不會有機會用了。

一件簡單的事，那會是什麼？很高興你問對問題。大多數人對這件事從來沒有個範本可參考。或許我來舉些例子：「就因為我和大學時期的前男友一起喝個咖啡，你就暗示我們之間關係不單純，你的看法讓我很受傷。」（結束）或者：「當我知道你和前男友一起喝咖啡時，我覺得擔心不安，我其實很想好好告訴你我的感受，但又不希望你覺得我指控你們偷情。」（結束）你的伴侶會驚覺你竟能如此自我克制，只表達一個事件的觀感，點到為止；當對方從詫異中回過神之後，你可能會欣然發現自己簡化的言行，已成功開創一個讓雙方更密切連結的契機。

我在「現場筆記」中劈頭就假設你還在怒氣難消，或許這麼說對你有點不公平。但這樣的說法其實可以有效排除某些看似不尋常卻又不無可能的狀況，你的伴侶或許會有些防衛而誤以為你要與她對質，但其實你只是要告訴她衣服柔軟精或凱撒沙拉醬快沒了。這張字卡在這種時候也能助你一臂之力，尤其這些事件不被你列入緊急狀況時。

12

「我一直都在關注自己是否被聽見，我居然看不見你的努力其實很有意義。」

這張字卡簡直是美夢成真，請聽我細數緣由。其中不能不提的重點是，舉字卡者先承認自己的自我關注已干擾他真正看見與聽見你的努力。如有神助的字卡，從天而降，雖然樸實無華，但其價值不輸為期一年、效果超棒的心理治療。

願意說出這番訊息的人，必須是真正的謙謙君子，因此你可能得先想像一下收到這張字卡的感覺有多麼美好，然後才能激勵你也想要把這張字卡送出去。

順道一提，請注意，我們在這裡談的重點，是你伴侶的作為「有意義」，並不等於說她是「對的」。當我全心關注自己被聆聽的需求是否獲得滿足時，我便無暇顧及你的言行舉止，無法踏入你的框架中。唯有當我們都能走進彼此的世界，我們才能做出恰如其分的正確決定。

我記得曾經有一對已經訂婚的伴侶感情觸礁，卡在困局裡動彈不得。女方是護理人員，崇尚自然主義的「新紀元」思想，熱衷研究自閉症與免疫系統受損的醫療領域，她對小孩的疫苗接種極度排斥，無法想像自己未來的孩子要接種疫苗，那是她無法苟同的。而她的未婚夫，傳統主流派思想的律師，從來沒聽過任何阻撓嬰兒接種疫苗的荒誕怪事。兩人各有理據與堅持，雙方僵持不下，一直到我開始介入，要求他們完全採納對方的觀點。忽然之間，那位講話最大聲的未來媽媽居然脫口而出，大聲宣告：「如果不給貝里未來的孩子提供全美國百分之九十八兒科醫生都認為必要的疫苗接種，我可以想見這對貝里來說，是多麼可怕的事。」一說完，她就此打住，她不再堅持這些兒科醫生根本被主流思維誤導，言下之意，她對未婚夫貝里的愛已表露無遺。當他對她「深具意義」時，他就感覺被愛了。

13

「我把微不足道的小事當成大事來處理。我會放手，不該管了。」

字卡的力量，其實貴在出示時那份真情實意的精神，所以當你在使用這張字卡時，你務必認真確定自己真的把無足輕重的事過度放大了，而非只為求和而隨便唐塞。和好當然是好事，但如果你真的飽受一些事物困擾的話，那就理當好好解決，從字面上看來，「放手不管」聽起來很不錯，但你放心好了，這麻煩事不一會兒又會回過頭來讓你傷腦筋了。

話是這麼說，但天曉得啊，你有多少次為一些微不足道的小事而大發雷霆啊，而這些小事卻又不斷大行其道，如常上演？你和老婆說過多少次了，家裡隨時要有豆漿。你每天早餐都要吃麥片，你的麥片一定非加豆漿不可。全世界都知道這件事了，現在，家裡竟然沒有豆漿。就像大家說的，你還是讓生活如常，「繼續下去」。你很擔心你的丈夫有沒有花足夠多的時間照顧六個月大的女兒。你一直記得自己還是個嬰兒時，你的父親就已撇下母親離家出走，你了解自己當下的擔心和過去的童年陰影有關，但每一次當你看到丈夫和孩子的互動有些敷衍隨意時，你就忍無可忍。此時此刻，你看，小艾寶寶在地板上的嬰兒背帶裡，而老公自顧自地彈起他的吉他，有好幾分鐘時間他根本完全沒在盯著寶寶看。而你，就像大家說的，還是讓生活如常，「繼續下去」。

期待你的伴侶有意識地關注你的需求，這完全合情合理。你期待丈夫和孩子之間建立真實而充滿愛的關係，何錯之有？誰會反對？但有些時刻，你其實知道自己忽然覺察內心某個陳年舊傷的按鈕被啟動了。你當然了解你的妻子很辛苦。然後，你記起昨天瞥見丈夫一邊彈吉他一邊和小艾寶寶玩瞪眼遊戲。其實，真的沒那麼危險啦。你可以真正放手不管，也不必擔心會失去什麼東西，更何況其實是收穫滿滿。就像和好，它隨後就到了。

情境2

設立界線

建議你不妨把第二組的這套字卡，當成是人與人之間的停止標誌。這一組字卡最適用的時機，是在你與伴侶的能量與情緒，已從痛心疾首的沮喪發展到怒不可抑的抓狂等級。這些時刻最令你覺得失控，你被伴侶搞得心力交瘁，同時也可能無所適從而什麼事都做不了，除了火上澆油以外。上一組字卡溫溫和和地鼓勵你轉換情緒，這一組則大聲明確，阻止你別再往當下的方向繼續前進——現在，就停。

簡簡單單的理智，往往是解救神智錯亂的完美出路。這些字卡對你那位正在火冒三丈或瘋狂非理性的生活伴侶非常管用，因為字卡內容對任何瘋狂無理之事，都大聲而明確地說「不」。不像我們平常面對死纏爛打或無理取鬧的處理方式，要麼不顧一切地百般忍耐，要麼就無動於衷。

由於這組字卡通常會在一個人的神經系統正處於「高度戰鬥或逃跑」的反應模式時使用，因此，字卡在扭轉情緒劣勢的功能上，經常帶來近乎戲劇性的顯著影響力。根據記載，明智地選擇出示字卡的行為本身已帶有一份善意，而這善意的舉止，能快速改變戰士體內躁動的化學元素，因為這些戰士一直處於無法自我平靜下來的激越狀態。字卡成了由外而內的安撫媒介，它向接收的一方傳遞關鍵的信息：

你沒事了。

有趣的是，我其實左思右想了一下，始終覺得沒有道理在本書安插一張寫著「你沒事了」的字卡，或甚至一張更趨吉避凶的──「我希望你和我在一起時覺得更安全沒事。」理由很簡單：因為當你感覺危機四伏時，這些保證幾乎完全沒用。然而，當你的伴侶釋出善意，直截了當坦承自己的脆弱時──譬如冷靜地和眼前無理取鬧的伴侶溝通，並告訴對方她此刻真是個不折不扣的惡霸──肯定會大大提高你們共處空間的安全性。

14

「我現在覺得很怕你。」

當你感覺備受威脅時，你要記住，只有心中害怕的人才需要以可怕的行徑來裝腔作勢威嚇別人。不過，當我們感覺別人的「巨大」威脅到我們的「渺小」時，人的本性就會不由自主地把音量提高，打死不退和放話威脅。這張功能強大的字卡是靈丹妙藥，專用來「制伏」你身邊那位遙不可及的伴侶，字卡一現，瞬間讓你在對方眼中搖身一變成更渺小，也因此更不具威脅的人。這張字卡的直言主張，可以真正平衡心理上的競爭局勢。字卡讓心生畏懼的人鎮定，平靜而勇敢地出示字卡，把失衡的關係慢慢拉回來。你若仔細想想，那些心態健康、不卑不亢的人確實沒什麼敵意，也不與人對立。

順帶一提，這張字卡也可以在伴侶大吼大叫、逞凶鬥狠或公然打人的情境下使用。有時候，當對方陰晴不定、悶不吭聲時也會令人不寒而慄。另外有些人或許說話平靜但一開口卻毫無道理可言，這也讓人忍不住退避三舍。身邊人令你心生畏懼的形式可能無奇不有，但這張字卡都能讓接收者速速平靜下來，甚至還可以瞬間讓他們「轉大人」，原來的威嚇氣勢軟化了，轉而成貼心送愛的人。

15

「我是你的朋友啊。我很難過自己怎麼一轉眼變成你的敵人了？」

我曾親眼見證相愛相殺的真實場景，也聽過無數個兩極化的故事，往往只是一言不合，轉身就從親密伴侶變敵人。我不是指那種「突然發現你丈夫原來一直在色情網站大玩不可思議的愛情遊戲」；我指的是那些芝麻綠豆的小事，或你所能想到任何微不足道的事。讓我們以行車路線來當一個最普通的例子。

班和素從他們郊區的家出發，開車去市中心，準備看場電影。他們出發時心情好得不得了，甜甜蜜蜜的，如膠似漆。班在開車，自然按著他每天開車上班的巷道直駛。

「你在幹麼？走快速道路啊！」一旁的素，沒好氣地訝然大叫，彷彿遇到什麼驚險大事。「你如果繼續走這條路的話，我們就別想準時看到電影了！」

此時此刻，班如果不聽伴侶的警告而趕緊轉換路線，素恐怕很快就抓狂起來。她厭惡遲到，與「認定自己的寶貴建議不被重視」的失落感，已糾結成一團怒氣。當素繼續處於緊張模式時，那正是班使用這張字卡的最佳時機。

換個角度來看同樣的事件，其實還有其他可行的出路。班依舊是駕駛，坐一旁的素，語氣平和地建議：「你會不會覺得如果我們走76號道路，是個比較好的選擇？我們這個時間點出發，這條是最快抵達目的地的路。」點到為止，但這下開車的班火大了。「你大呼小叫什麼啊，能不能不要煩我啊！你覺得我不會自己想清楚嗎？你是怎麼了，想吵架是不是？」諸如此類，這無疑是素出示這張字卡的最佳時機。

以上這兩種情境其實大家耳熟能詳，太普遍了。如果你把這本書放在車上，那就像放在其他地方一樣，能在緊急時刻，化危轉安，助你一臂之力。曾經有人向本書作者建議，請她和豐田汽車或通用汽車協商一下，讓所有新車的置物箱裡都放上一套《現實生活字卡》。

和伴侶在車上，空間的限制營造強迫性的緊密張力，當你們彼此對所謂理想路線各有堅持時，你立即陷入分化的危機中：我的伴侶怎麼和我差那麼多啊！此情此景，不管你們在車上或車外，一轉眼就反目成仇，朋友變敵人。讓這張字卡來提醒你的伴侶——你們友誼萬歲。

16

「當你一直這樣下去，我覺得自己在你眼前消失不見了。」

在一個萬事萬物充滿可能性的宇宙天地中，當你身邊的伴侶對著你喋喋不休（但不是跟你對話）時，這是你可以給自己和對方最具療癒的回應之一。根據我的經驗，大部分人的成長過程中，難免在指指點點中成長，尤其我們的父親或母親，經常對我們嘮叨評論。因此，我們當中許多人不免有種似曾相識又揮之不去的感覺——在我們最在乎的家人面前，自己好像隱形不見了。我們不能說父母不愛我們，但你若感覺對方眼中對你視而不見，你其實很難感覺對方真的愛你。

所以，當伴侶對你喋喋不休而你也出示這張字卡時，你其實是為自己的內在小孩與外在成人送出一份禮物，讓內外的你，澈底擺脫年輕時你對自己的嚴厲批判與自我貶抑，讓自己重獲自由。你雖然被某位重要的他者否定或踐踏或被訓斥，但你終於來到一個可以重新詮釋這些言論的時刻，這些評論無關乎愚蠢、乏味；無關乎你的地位，是否引人注目，是否值得或糟糕。把你的經歷標註為「感覺消失不見」是痛擊你的要害，直接把你帶進現實世界中，讓你終於一眼看穿自己其實竟任由盲人擺布。這是個一針見血的領悟，讓你停止數十年來一直在對自己做的事——只因你無法讓盲人看見，就認定自己有問題。這就是這張字卡之所以療效極佳的原因。而且，不只對你一人好，也對你伴侶好。

首先，你已成功引起接收者的自我關注。你不假設對方可能有什麼特殊想法或觀點而出言不遜，責備對方。你只單純要求對方留意一下他們所占用的大片空間，而壓縮了你原有的空間，你的空間已經所剩不多。

想像一下，你完全不用聲嘶力竭，就能在一分鐘內，驚見你所愛的對方從自以為是的狀態裡清醒過來，真心認清與承認自己對你已造成衝擊。還有什麼結局比這更令人欣慰呢？

17

「與其批評我，不如請你明白地告訴我你的期待，好嗎？」

我其實不確定為什麼我們多數人傾向把批評當成一種生活方式。當理查抵達家門時，比他預定的時間遲了二十五分鐘且沒有事先打電話告訴妻子莫妮卡；在如此情境下，請問，莫妮卡除了批評丈夫漫不經心之外，她要如何表達才能讓丈夫理解，自己感覺不受重視、被視為理所當然的不舒服？如果莫妮卡不強勢表態讓理查內疚自責、並以此作為丈夫「性格瑕疵」的罪證，莫妮卡要如何表達才能確保理查不會重蹈覆轍？另外，如果理查不暗示他們最近外賣叫得很頻繁且已超出家庭預算，並以此作為「財務超支」的罪證。就算理查夠聰明，巧妙避開使用「懶惰」這名副其實的形容詞來批評妻子的「性格瑕疵」，理查要如何鼓勵莫妮卡多花些時間自己動手做羹湯？

這張字卡比第一眼領會的意思，還要更激進些。想想看這狀況有多不尋常：舉字卡者正視發表評論的對方和他的防衛心，也完全沒有否定對方的批評指教。他告訴對方自己不想被批判，但仍一心努力想要滿足對方的期待。只不過，她現在得想辦法把自己的期待，看得比「讓丈夫難過」更重要。她辦得到嗎？這意謂著她要解除武裝，相信我。這種事不會自然而然發生。在她有意識地選擇放下批判立場之前，不得不再三思量與考慮。

不妨想像一下，如果每一次你們倆之間有一方準備好要大肆批評了，而你卻能在一開始就先發制人，搶先說「如果你能……那我會感覺超被愛欸」，這對你們的感情會有什麼效果？

18

「在你身邊好像如履薄冰，我討厭這種動輒得咎的感覺。」

根據我的經驗，如果要我點名標出最令伴侶最痛苦難熬的情境，就是其中一人或雙方都覺得伴君如伴虎，如履薄冰。你不得不對另一半的反應提心吊膽，要麼乾脆閉嘴不說，要麼竭盡所能表現優異，沉默是金，少說少錯，這真是一種磨難。

當你對伴侶沒有說出口但一觸即發的反應有高度警覺時，你的任何話語在看似「攸關生死」的要求下都顯得微不足道，滿足這些要求是為了不觸怒對方，以免他們自以為是的正義感大爆發與關閉任何進一步的溝通。這種情況經常發生，因此，相信我，你別無他法，只能讓你的伴侶知道，就當作你是為了自己的理智而做吧。這令我想起一個有趣的詞句：「百分之九十九的婊子，百分之百的天使」。這意思是說，當我在你身邊不得不戒慎恐懼時，即使只能放肆百分之一，神奇的是，我卻感覺自己占盡優勢。我對你的陽奉陰違令我感覺很分裂，那是因為我必須去處理你的感受而不得不放棄成為自己。但是當我可以坦誠告訴你「這對我來說到底是怎麼一回事」時；當我和你在一起時可以隨心所欲得根本不需濾鏡時；當我可以輕鬆自在做自己時；我瞬間升級到天使的國度。如果上述任一情境符合你的現實處境，請善用這張字卡，我可以向你保證，你可以在最不可能的危難下，開創一片安全領域。

19

「你是個惡霸。」

這張字卡似乎打破了「有意識的溝通」所設定的一切規則。它不是「我的聲明」，它是直截了當的指責，沒有太多婉轉的示弱，這在某些狀況下甚至會被視為人身攻擊。但為什麼在幾乎所有「出示此字卡」的個案中，那些面對伴侶舉字卡的伴侶，大多回報自己居然「覺得被愛」呢？

好吧，你不妨試試看。想像你疾言厲色地給你伴侶下了類似這樣的最後通牒：「除非你＿＿＿＿（譬如：把凌亂不堪的小房間清理好；確保所有生下的小貓咪都已被人認養了；答應去見性治療師……或在你的『一百萬個高度期待伴侶完成』的清單中隨便挑一個），否則，我就取消我們到阿魯巴島的預訂。」經過稍微激烈的爭執辯駁之後，你的伴侶悻悻然離開房間，然後轉身再進來時，手上出示了這張字卡。那種感覺有點像親吻，尤其當你把對方可能會出現的其他反應都想過一遍之後，不是嗎？

這張字卡的成效卓著，因為使用得當，直話直說，卻又讓對方不需自食惡果。接收字卡的一方立刻就能察覺自己的蠻橫刻薄，與對方的溫柔敦厚，兩者之間簡直天差地遠啊！你或許會有些自慚形穢，但說真的，那股「有此好伴，夫復何求」的感恩早已爆棚了。這張字卡真正展示了高度含金量的「有意識溝通」法則，尤其是這一系列的字卡。接收的一方之所以感覺被愛，是因為儘管舉字卡者感覺被欺負了，卻始終不反擊，反倒保持友好關係，以德報怨。

考量到現實的這種可能性，順便跟你說一聲，這張字卡效期不長，恐怕沒兩下對方又開始欺負你了，所以你最好把握當下，和伴侶共享理性時機。

20

「我想對你說愛的語言。」

這是啟發本書的一句字卡訊息。近二十年前，就在我的諮商辦公室內，我情急之下為一位不知所措的丈夫在紙上潦草寫下這段話，然後遞給他。這段文字中深藏一份毫不妥協的自尊自愛，那麼質樸又誠摯，我至今仍為之動容。

我鼓勵所有讀者親身體驗這張字卡的力量，哪怕只是為了讓自己感受一下真正聚焦的美好。表面上看似簡單不過的要求：「我想對你說愛的語言」，但實際上卻為了深度精神質感的互動，注入新的自尊與自重。我在這領域中聽過一個又一個類似的個人故事，雙方都走不出爭鬧撕裂的困局，最終其中一人以聖雄甘地般的尊嚴，衝破僵局，穿透銅牆鐵壁，無視各種尖酸的批評與攻擊，忍辱負重，舉起字卡。

我們大多數人的成長歷程中，都有愛我們的父母，但他們幾乎不會把我們當心愛的人那樣，和我們交談對話。如果，我們奇蹟般回到兒時情境，我們對自己的需求瞭然於心，當我們在難相處的父母面前出示類似的訊息時，恐怕會立刻把我們痛苦的經驗、自我價值受挫的經驗，和我們頭腦裡對父母的記憶，都一併連結起來。因此，若從童年創傷的角度來看，這句字卡內容不但賦予你應然的權利，也為你建立深刻的關係連結。這句話的強大，也展示在它澈底忽略那些擾亂你伴侶的問題，迅速而果決地直探問題核心：在我們所謂的「關係」中，我們到底該如何面對彼此？

就算你或你的伴侶所能做的壞事加總，也比不上這一個信念重要——你們值得彼此善待、相親相愛。

21

「我現在最不需要訓斥，我只需要你的愛。」

前一張字卡有種壯士斷腕的尊嚴基調（想想聖雄甘地），而這一張則帶有活潑趣味的調性。雖然內容看似要求接收字卡的一方停止嘮叨責備，但實際上，字卡期待的不只如此，它想帶你的伴侶走出理性的腦袋，進入感悟的內心。

我們有時會不由自主地專注訓斥，非常專注。但當我們聽到心愛的人大膽中斷、直白提議：「我比較需要你的愛，而不是你的訓斥」，想想看，這是多麼莊嚴盛大的邀請，使我們不得不認清自己長篇大論的教訓無論多麼「立意甚佳」，其實都不是愛的最高表態。你的伴侶如果把「愛一個人」等同「拯救他的靈魂」，那麼，當你初接這張字卡時，可能會讓你在這片全新的認知領域中，迷航一陣子。

至於那些身邊伴侶是心理諮商師的人——真正專業的那種、或以解構你的心理狀態為樂的初階人員——你若真的想要改變局勢，萬象更新，其實可以考慮動手重寫字卡內容（用一句短語）：「我現在最不需要你逃避龜縮。我只需要你的愛。」

讓我以一個「偶爾會接到這張字卡」的過來人身分，和你分享一些我的經驗與心得。你其實心中隱約有個錯覺，自以為那個龜縮逃避的精神科醫師和你的情人是同一個人。其實不是喔！這個驚人發現，絕對會把你嚇得花容失色。

22

「我知道你心煩意亂，但請你不要走。當你離開，我會感覺被拋棄。」

我先把話說清楚，我沒有性別歧視或其他什麼偏見；但從我所聽到的大多數案例中，衝突後轉身離開現場的伴侶，男性多於女性。或許有些讀者一邊讀一邊想說：「姊啊，這不是我們家的實況好嗎？」我完全相信你，各家狀況不同，你只要依據你的真實處境調整。

我想善用這張字卡當成機會教育，向你介紹一些引人矚目的研究報告；這些研究領域從嬰兒階段一路細水長流到伴侶治療。我們從神經生物學的根源，開始探索其中相關性，派崔絲．羅芙（Patricia Love）與史迪文．史東尼（Steven Stosny）博士在他們合著的書《男人最怕失敗女人最怕孤獨》（*How to Improve Your Marriage Without Having to Talk About It*）特別提及，女嬰一般與生俱來害怕依戀中斷（包括情感／身體的抽離），而男嬰——甚至不到兩個月大——對母親的突然離開，會自動出現慚愧反應。

作者舉了個極具說服力的案例；每一次當女性口中這句「親愛的，我們需要談一下」一出口，無論表達方式多麼婉轉合理，總能引發男性自動感覺「自己是不是哪裡做錯了」。換句話說，你的男人聽到的，不是你渴望親近的邀請，比較像是聽到副校長辦公室的通知，他會想方設法逃離羞慚感。在一些典型（不可否認的，也可以說是刻板印象）場景中，他的疏離規避加劇了煩憂。而伴侶的「不屈不撓」反倒增強了他的焦慮，使他感覺自己即將墜入深不見底的羞辱中。

這張字卡最美的地方，就在於舉字卡者已開始認可接收一方所經歷的感受，出示字卡的伴侶甚至願意承擔起「自己確實嘮叨」的重責大任。然而，她（或他）也同時明確地大聲疾呼（記得我之前提醒你的「心理停止標誌」嗎？），對方在互動半途中退出，會令她（或他）感覺自己被棄絕了。我們當然不希望讓退出的一方加倍自慚形穢，但我們確實希望對方看見轉身離開對另一半的衝擊有多大。

女士們，請發揮一下你們的基本常識。當你的舉字卡成功讓他留下不走了，千萬不可藉機又開始嘮叨啊！

23

「你說的話，値得好好聽；但我已經不堪負荷到無法接受任何事。我希望自己做得到，但我眞的無能爲力。」

「不堪負荷」這幾個字，指的是伴侶之間發生激烈惱怒不安時，而引發生理上的激動興奮，一般會伴隨脈搏加快、血壓飆升，我們會臉紅、冒汗、肌肉緊繃、氣喘吁吁。根據堪稱全球最權威的婚姻家庭專家約翰．高特曼（John Gottman）博士的理論，這種不堪負荷的過程從男人或女人的「靜止脈搏」平均提升百分之十，就開始啟動了。無論男性或女性，一旦心率提升至每分鐘一百下則開始大量分泌腎上腺素，進而激發「戰鬥或逃跑」的反應，讓人覺得自己正為生存而苦戰。但在大多數情況下，男性的血壓與心率會比女性高得多，且能維持一段時間。但若和男人的對手相比，女人的韌性大得多，只要些微衝突就能讓男人在心理上感覺不堪負荷。一如我們所理解的那樣，女人的激動興奮表現在「渴望更多參與」，且不論那種參與感是否愉悅快樂，就是要保持連結。出示這張字卡的人，顯然很想讓你知道，當下發生的事不只是不舒服而已，事實上是已經到忍無可忍的地步了。

相對來說，如果你是比較容易不堪負荷的那一方，請你當機立斷，快快出示這張字卡，那你就是真正的王子（或公主），因為你所做的是一件幾乎不可能完成的事。你發揮了最高品質的人道精神，因為你沒有忘記自己所置身的關係場域，你確實和一個動輒感覺被你拋下與被你撇棄的弱勢族群一起生活。而你的身體卻如實告訴你，不用再顧慮別人了，為你自己著想吧。

收到這張字卡的人，現在正面對回應的挑戰：一旦發現愛人好像要轉身離開了，某部分的自己絕對感覺被拋棄，但與此同時，他們也親眼目睹對方當下的選擇。因為那真是個選擇，他們的伴侶在躲避消失之前，選擇出示這張字卡，那是多麼不凡的氣度與寬大的心胸。

24

「我現在只感覺到你強大的『立場』。我需要你回來，這樣我才能理解你、認同你——而不是你的立場。」

美琪，追求心靈潛能開發的「新紀元」按摩治療師，結婚兩年後的某天，突然驚覺她身邊那位理當是自由民主派作風的丈夫哈利——曾為歐巴馬競選、反戰、一絲不苟的環保人士——竟然高調主張「七月四日的國慶日要高掛美國國旗」的家庭傳統。看來，哈利一直對妻子隱瞞此事，因為他料想此舉會冒犯妻子那自由奔放、無拘無束的作風。更何況，持平來說，哈利在這段四年多的感情生活中居然刻意隱瞞不說，這對美琪並不公平，雖然可以理解，但確實不妥，想當然，瑪琪會跺腳大叫：

「美國國旗？在我家草地上？我的客戶會在我家草地上看到美國國旗在飛揚？你是哪根筋不對嗎？接下來還有什麼荒唐事啊？是要讓我發現你原來支持

『全美步槍協會』嗎？你好大的膽子啊，竟敢瞞著我？你能不能為你自己想想啊？誰鳥你什麼『家庭傳統』啊？我還假設你家人是支持私刑的咧！」

順便說一下，這確實是我的個案美琪在事發隔天親口告訴我的趣聞軼事。

當我們備受威脅時，我們常以為，若不趕緊捍衛立場，我們就無法忠於自己了；在那當下，美琪或許可以表態，暫且讓那個「真正的美琪」外出透透氣。但事實並非如此。我們的立場經常把我們所愛的人對立成敵人，而不再是知己好友。

如果哈利成功使用這張字卡，他或許可以提前認知一件事——那可是妻子經過兩次諮商治療後才搞清楚的事。那個在事件一開始就炸開然後又消失的「你」，會告訴哈利：對美琪來說，她把所有裝備愛國主義的人，和那些妥協權利、崇拜權威的人都聯想在一起，包括那些缺乏獨立思考能力的人。就像她父親那樣，不相信自己女兒的清白無辜，卻寧可相信中學一位修女老師的指控，把美琪當成教唆惡作劇的幕後主導。事情往往就是這麼演變的，現在美琪竟嫁給一個拱手犧牲權利的男人，透過隱瞞彼此之間令人不安的差異。

25

「好啦，我已經覺得很煩了。你眞的以爲我沒在聽你說什麼嗎？」

在我著手編輯一本認真處理「關係修復」的手冊時，我的其中一個目標，就是要把不切實際的空談與所有傲慢無禮，都澈底排除在所有字卡之外。不過，我得承認，這張字卡有偏向「輕度惱火」之嫌。我唯一可辯駁的理由是，這樣的內容可能比「夠了啦！」還要更真實、更友善些。不過，話說回來，可能也沒有。我是希望那位可能惹怒伴侶、理當被怪罪的一方，在舉起字卡時，能試著向伴侶表達她並非想要脫罪或避重就輕——她真的感覺很煩很糟——但同時，也真的是「夠了啦！」

有關「真實表達自己」之必要，大家心有同感，也聽了很多。這整本書傳達的都是同一個精神。但溝通的另一個面向，還要留意表達的內容與方式是否被你的伴侶放在心上、認真思考而好好消化。我們經常在這方面受重傷，而且還把期望值降得很低，以致我們好像周而復始不斷面對同一個痛點，不斷在難關前徘徊來去又闖不過，但我們其實已經闖過了。

我喜歡這張字卡。它讓接收的對方知道，他已完整表達觀點，而你也都聽到了，而且你也適度知錯悔罪了，只不過，這一來一往之間終究還是兩個人類在互動。很少有人會在接受這張字卡後反駁說：「不，我不認為你真的在聽我說話。」一般來說，接收的一方現在可能感覺有些無所適從，或許不能說糟糕，但就是有些拘謹收斂，意識到自己有點過了頭。發字卡的一方語氣上稍嫌不耐，但顯然她已釋出善意了。最主要是因為她並沒有選擇在盛怒中離開現場，而是硬著頭皮面對僵局，而且還進一步直指彼此之間剛剛冒出來的新議題——「你沒有完全信任我，我已經接受你的意見了」。

長遠來看，回頭深入探究彼此的差異與新議題，或許比糾結在最初的糟糕感受與不滿情緒中，還要有意思得多。畢竟，一如伴侶所面對的多數實況，你怎麼看待這個新問題，才是問題。

26

「我希望我們停止對彼此所做的事。對，就是現在……」

這對你是好事啊，畢竟你很清楚這是你們倆之間的事。即使你內心的某部分並不真的那麼相信，但你至少可以趁此良機提出這個彎好的例子，說明你的伴侶如果不那麼——小器、臉皮薄、強迫症、心胸狹窄、殘酷無情，或不願公開你們的關係讓他媽媽知道，那麼，你們之間這段關係會更成熟圓滿、一帆風順。

你的伴侶可能罄竹難書，但你是唯一對他反擊的人，如此直擊要害，越來越慘不忍睹。事實上，如果你對自己夠誠實的話，當你指責他那些一無可取的缺陷時，你的反應與說話的方式，和你十四歲時在全美老字號「羅德與泰勒」（Lord & Taylor）精品店更衣室內和你媽媽爭鬧不休的語氣，其實沒什麼兩樣

（抱歉讓你們成了百年老店的代言人……）。

沒有人會在歡天喜地時出示這張字卡，就像天底下大多數伴侶最自然的發現——他們對你的所作所為，是多麼不合理啊！在心力交瘁、悶悶不樂的狀態下，才會高舉這張牌。事實上，發送字卡的一方，並非以受害者立場表態，她現在只想讓雙方都共享「受害者」之名而已。而「現在」，則是她誠實無畏地坦承你們倆在處理這件事的態度和方法上，以她對你的認識，你並沒有竭盡所能、全力以赴。好個「現在」，讓這句字卡內容引人矚目，也讓你保有好好發揮的空間。

「現在彼此正在對對方所做的事。」就算現實情況一如往常般，容易起怨念或袒護一方，但她既往不咎，而且樂於對你們這段夥伴關係表達敬意。想像一下你的「對手」向你傳遞這樣的訊息，這根本是甜得出汁的美意。終於發現房子裡至少還有個成熟的大人，這一點確實令人有些欣慰。

情境3

表達脆弱

每一次有人開始來接受諮商時，我很少一開始便和對方聊起完整的身世背景。多數時候，我只要求我的個案想像自己回到小學五年級時，和班上一位新來乍到的同學交朋友，他是你心中喜歡的對象。有一天，這位兒時玩伴準備辦場生日派對，你當然覺得自己會被邀請，但事與願違，唯獨你被遺漏名單之外。大部分個案的反應都說自己會很受傷。然後，我再問他們兩個問題：你會告訴媽媽這些受挫的感受嗎（少部分個案表達自己會隱瞞不說）？如果你會如實告訴媽媽，你覺得媽媽會如何反應？

答案可以分為好幾類。「理性」的媽媽會告訴你：「生日派對多的是」，沒什麼了不起的，媽媽其實對那小孩也沒什麼好感；「保護型」的媽媽被激怒了，還好怒火沒有燒得太厲害，所以她只是打電話給對方的媽媽和動用人脈找其他說客想辦法拿到邀請函；「身心俱疲或抑鬱」的媽媽幾乎沒心力去聽孩子說起這件事；「偵探型」的媽媽則著手深入查究你不受邀請的理由；「撫慰型」的媽媽會告訴你，你太優秀了，隨即答應會在派對那天帶你去看場電影。

我希望以這方法來釐清一件重要的事，你小時候的早期人生，如何面對與處理脆弱無助的時刻。我很驚訝發現，很少有人告訴我，自己的父母會單純認同他們的無助，再陪伴他們一同面對：「比利，你一定覺得很受傷，對嗎？我知道你很喜歡和浩偉一起玩，現在這種被排拒在外的感覺，肯定不好受。我看著你必須去面對這樣的事，為你感到遺憾和心疼。我還記得我朋友祈麗．薩帕斯坦（Cheryl Sapperstein）沒邀請我參加她的『十六歲甜蜜生日』派對那件事，我那時感覺超痛苦的。」

不管你小時候如何接納（或不接納）自己的脆弱，這裡有幾個加分題，可以幫助你自我檢視：如果你具體明確地告訴媽媽「你感覺被排斥」，你覺得媽媽會如何反應？還有，如果你也和爸爸說出同樣的感受，爸爸的反應又如何？我們沒有要責怪任何人，尤其當你也為爸媽設身處地想像一下，如果他們也曾在自己的父母面前表達過脆弱無助，他們的感受如何？一如我之前說過的，即使我們說的是「有覺知、有意識」的互動交流，我們仍難免受制於各種限制而置身史前時代的貧乏。

為什麼這一切很重要？當我們面對自己深層的內在時，如果我們在伴侶陪伴下仍感受不到適度的舒服自在，那便無法建立起深度的親密關係。只要我還停留在原生家庭的自我保護狀態中，我就永遠沒辦法真正親近你，或讓你和我親近時有安全感。一翻兩瞪眼，殘酷而真實。

因此，從脆弱的角度來看，有時難免因情緒糾結而不易辨識。譬如某日你發現伴侶和她的大學室友聊得欲罷不能，你不假思索對伴侶脫口而出的一番酸言酸語，其實只是掩飾你被「冷落排拒」的不舒服。如果你的伴侶當下沒有敏銳察覺而忽略了你被孤立的落寞，那你也無能為力，只能被動反應。當你和親近的人處於勢不兩立的敵對狀態或置身不安的處境時，你除了回應、自我保護或退縮不前，恐怕也不可能做其他任何事了。對我們多數人來說，一般的本能反應其實是試著想把防衛後疏離與失勢的關係，重新連結起來。每一次當我感覺自己被忽視或被貶抑時，或者當我擔心其中有人瞧不起我時，我最常出現的反應便是防衛心理。

這一類組的字卡，專為幫助你「放鬆控管」而設計，尤其當你的本能反應是為了保護自己免於陷入這些困境——卑微渺小、軟弱無力、窮困潦倒、差強人意、適應不良、不討喜……和我們所能想到，各種惹人厭的狀態與一些「人見不愛」的劣根性。

當你告訴媽媽，你小學五年級沒有受邀參加派對的心情有多難過，媽媽當時可能感受不到你明顯的脆弱無助——被心裡喜歡的玩伴排拒了。另一個比較少人發現的重點是，沒有人能理解那個玩伴對你來說有多重要，你真的非常在乎。另一個恐怕更深藏不露，甚至極有可能和你當下的人際關係最有關係的重點——沒有人能理解「第一時間把心碎的傷痛帶到媽媽面前」的脆弱。媽媽或許錯失一個認同此事的機會。喔不，是錯過認同你。而這對你來說，至關重要。於是，直到現在，你內在的某個部分甚至還不確定，到底對他人「揭露脆弱」，妥不妥當？

我要在這裡告訴你，期待讓他人，尤其是你生命中特別的他人認識與理解你的脆弱，其實是希望此人看見最真實的你。這是妥妥當當的一件好事。

27

「當你以這種方式和我說話時，我覺得自己很渺小。」

你可能會稍微猶豫片刻，但這張字卡的震撼度與後座力巨大，不容小覷。如果你的伴侶和其他大部分人一樣，指出你昨晚如何白白浪費了與繼子建立關係的天賜良機；不理解你怎麼會去買一瓶加了羅勒的碎番茄罐頭，明明就提醒你要買無調味的整顆番茄罐頭；看到鄰居願意花一個週末去參加你視為荒謬可笑的「性愛生活充電」工作坊，你羨慕得鼓掌叫好；分析你和上司不愉快的互動緣由，要從你和高中網球教練之間未解的恩怨開始說起……；當伴侶在這些情境下表達觀感時，他（她）真的完全不曉得自己哪裡讓你受挫了。

你的伴侶極有可能覺得自己直指真相，助益甚大。且不論他們的表達方式是敲鑼打鼓或謙遜委婉，他們「一路走來，始終如一」的堅定信念就是——

「你真的非常需要這些提示」。

至於你為何感覺渺小，從某個角度來說，你的伴侶可能是對的，或至少他們對了一部分，但坦白說，這種卑微的渺小，應該只是一時片刻的刺痛感。其實，如果你的伴侶可以單單承認自己所說的話讓你覺得脆弱無助，那麼，一切便會漸入佳境。你的伴侶不是故意想要打擊你，他們只是很堅持自己回應的步驟，因「擇善固執」而顧慮不周，不但忽視了你，也渾然不覺這些過程對你造成什麼樣的負面感受。當他們一路往前衝時，這張字卡可以及時救他們免於「慘死途中」。另外，當你把事情搞砸或讓某人失望了，這字卡也能幫助你越來越釋懷，告訴自己，其實也沒那麼嚴重。真正重要的是，你找到回應對方的勇氣，讓伴侶知道他們對你說話的方式會引發你什麼樣的感受。有違直覺嗎？我知道，但不妨試試看吧。

當我的不完美似乎讓你忘記我其實有多厲害，每逢此時，「渺小」感便油然而生。

28

「我知道我聽起來像是暴怒，但我更真實的感覺是備受威脅，強烈到你無法理解。」

從一個比較同情憐憫的角度來看，我們一般不把焦躁易怒型的人視為一個常態性發飆的人。以這張字卡的情境，指的是容易「反應過度」。我們會從「他們常常不允許自己接受脆弱與需求」的角度，去理解他們。當這樣的人遲遲等不到老友回覆他們的非正式電郵時，他們很可能第一時間便習於用怒氣表達自己「被冷落」的失意，而不曉得該如何讓自己純粹感覺受傷或檢視自己微不足道的感受。對某些人來說，承認自己就是在乎別人「是否喜歡或尊重我」似乎是非常可怕的事。以我們熟悉的路霸（路怒症）為例。我真心相信真正困擾我們的不是肇事司機差點把我們殺了，而是他們把我們當不存在的空氣那樣，呼嘯超車的瘋狂行徑或龜速前進。這些都是燒起熊熊怒火的燃料。

雖然我認識的大多數人都不是所謂焦躁易怒型的人格或路霸，但要找到始終如一的和平主義者，也真的不多。

幾乎大部分人都有潛力成為「易受激怒」的人。我開始書寫這張與焦躁易怒相關的字卡時，心裡想著到底人在備受威脅時，會傾向什麼樣的思維與行為：以受害情結的怒氣與失控的暴躁，掩飾害怕失去或被藐視的恐懼。

當你內在的焦躁易怒開始蠢蠢欲動時，請使用這張字卡。當你的伴侶沒有如你所願去完成一件你很在意的事，你便叫囂怒吼，於是，這些咆哮一點一滴烙印成你們之間的互動經驗，每一次當伴侶沒有把事情做好時，你所能憶起的都是這些痛苦的經驗。現在，你的伴侶不想再和你說話，即使你事後向對方致上最高誠意的歉意，伴侶也不再回應你。就算你心理上不覺自己是個易怒特質的伴侶，這張字卡也能提醒你，想想自己到底曾經遭受多大的威脅感，才會做出那樣的行為舉止。接下來，你的職責就是告訴你的伴侶，你之前早已埋下的那些前因後果與創傷，如何誤導你伴侶以偏差方式對待你，進而讓你感覺自己無論怎麼看，都像個一無可取的遜咖。

29

「我很怕誠實面對你。」

這張字卡很容易深入至充滿想像力的方向：「我擔心如果我對你誠實的話，你會生我的氣，你會討厭我，你會覺得被批評而看不見我的掙扎，你會認為我很嚴厲刻薄，你會覺得我在針對你，你不會重視我的真心誠意，你會想要離開我，你不會明白我為什麼需要對你誠實，我會發現你其實比較不喜歡我誠實……」等等。

上述所有延伸的敘述都可以含括在這張字卡裡，或許只有最後一個擔憂——「我會發現你其實比較不喜歡我誠實」，是最令人膽戰心驚的。因為這幾句話證實了我們其中一件隱憂：我們擔心伴侶的心胸不夠寬大，無法支持我們忠於自己。這個發現將引導我們得出另一個更棘手的結論：我們內在某部分的自己，會厭惡這個人或懷疑自己哪根筋不對了，怎麼會跟這樣的人一起生活。這就是為什麼這張看似簡單的字卡，其實需要鼓足了勇氣才能舉字卡出示。許多成敗存亡的關鍵，都在這裡了。

有時候，你會意識到自己在一段關係中會自我告誡應當表現得體，或不對質、不反抗，其實你是在遷就迎合你的伴侶，這些虛情假意正侵蝕吞滅你。布萊克需要告訴他的伴侶安德烈，他對小弟的偏袒已讓布萊克漸漸失去對他的敬重。莎倫需要告訴華特，他的酗酒惡習讓她越來越受不了了，莎倫不忘提醒華特是個需要幫助的酒精成癮者。萊恩需要告訴他妻子派翠霞，就算她是家庭亂倫的倖存者，他也沒辦法再過這種連續幾個月的無性生活。茉莉需要告訴她丈夫李察，昨晚他們和另一對夫婦外出吃飯時，他自顧自說太多話了，把茉莉晾在一旁讓她很尷尬。

不過，你要自行判斷，有些你覺得還不能告訴伴侶的事，也請你先保留不說。不要讓自己失去任何致勝關鍵的突破性對話，掌握好時機的對話，勢必會把你們的關係推向另一個全新的宇宙天地。

以自我負責，而非指責的立場，告訴你的伴侶——要你毫無保留地如實面對他們，就像拆解一層層長久緊密依存的張力，那對你來說是多麼可怕的事。

相信我，你會比預定時間更早就獲得伴侶的示好與接納。

30

「當你不和我溝通說話時，我覺得自己在你心中一無是處。」

來看一個最經典的場景：男人因為伴侶讓他不堪負荷而決定和憤怒的寶貝保持距離，他們不會費時出示這張友善又親密的字卡來解釋原委。他最典型的反應，一如兩性關係大師約翰·高特曼所說的，就是「防堵」，亦即擺一張僵硬的臭臉，寡言少語或乾脆沉默冷戰，有時候甚至為了強化姿態而雙臂抱胸，怒目翻白眼，清楚傳達「遠離我」的訊息。眾所周知，女人面對這種場景時，不但反應不佳，還比之前更緊張，如果沒有瘋狂暴走的話，她們通常會試著突圍而出，重建情感連結。

高特曼對兩性關係的研究超過二十五年，他對無數伴侶觀察入微而做出這樣的結論：維持長久幸福關係的重要變數，是女人是否真覺自己有能力影響她的男人。部分原因是多數女性被灌輸了「男權優勢」的主流文化；因此，當她的伴侶抗拒不聽她的觀點時，底層那些根深柢固的不公不平，開始暗潮洶湧而被激發。套用兩性專家哈維爾．漢瑞克斯（Harville Hendrix）博士的類比——冰雹與烏龜的對峙。

你大概已經注意到，要讓烏龜伸出硬殼外，單靠冰雹的影響，恐怕是困難重重。打破僵局的不二法門，是讓冰雹勇敢承認其實她也是一直龜縮在殼裡，這個聒噪的冰雹，以嘮叨和抗議來掩飾她在你身邊時感覺多麼無能為力又微不足道。

請注意，這張字卡並非要讓伴侶關注你需要更多聆聽或更受重視。在這一點上，你只能要求那位猶豫遲疑的伴侶，肯定他自己對你的影響力。出示這張字卡後，你會如釋重負，這下至少可以好幾天都不太需要費力溝通了。

31

「好尷尬喔，我竟然忘了我們一開始是爲了什麼吵架。」

從我所接觸與輔導過的成千上百對爭鬧不休的伴侶個案，以及我個人婚姻中長期惹爭議的論戰的經驗，我可以告訴你，當你們吵到憤憤不平又不可開交時，如果忽然間忘了兩人最初是因何而吵，那其實很正常，不足為奇。

戰爭，通常由此而一發不可收拾。萊里給妻子瑪拉買了幾件「維多利亞祕密」的性感衣著，瑪拉看著這些有些「狂野猥褻」的衣服（她是不會買這樣的款式給自己），心裡不太舒服，雖然她也承認那些衣服還不算太怪異，但對她來說就是「有點太誇張了。」「那種感覺就像是要我賣淫似的。」瑪拉如實告訴丈夫，這番話讓萊里想起七年前的情境，當時萊里沒事先問過瑪拉便擅自把一部限制級影片帶回家。萊里惱羞成怒，為了挽回一些尊嚴，他開始辯稱自己無論買任何東西都永遠不可能讓妻子真正喜歡。瑪拉立即駁斥，顯然萊里一開始就不是為妻子買禮物，他是為自己而買。雙方開始火力全開，萊里既羞愧難當又頭昏腦脹。

瑪拉和萊里是我的個案，所以我可以告訴你，如果我們重來一次，讓瑪拉一開始就說：「當你給我買那樣的內衣褲時，我的感覺是，原來我對你的吸引力很不夠喔。」然後，萊里不得不回應妻子：「我承認自己在選購這些東西時，有點自私自利，但我也不會刻意去買那些我覺得你很可能不喜歡的東西啊。當你把我當成一個粗線條又疏忽大意的人，這對我很傷。」如果你和伴侶之間能開啟這樣的對話模式，那真是一樁好事。當你已渾然忘卻事實的來龍去脈如何如何了，那麼，這張字卡能及時阻止你往無解的領域無限循環下去，這樣你便能更快直探核心——其實，你們倆都想要被珍視、被愛。

32

「我們對事情的看法差那麼多，我真的被嚇到了。」

肯尼還記得第一次見到莉莉時那股觸電的激動。她不只樂於分享背包旅行與騎單車的熱愛，她竟然和肯尼一樣，是個「近乎素食主義」的女生，而且奇蹟中的奇蹟，她竟也熱衷冥想修煉。交往不到十八個月後，肯尼自我嘲諷地笑稱，他後來發現原來莉莉厭惡豆腐，而且對他特有的佛教冥想方式既不感興趣也不想嘗試，這些發現令肯尼困擾錯愕。

確實。當你發現你所愛的另一半擁有那些「很不像你」的特質與價值觀時，問題會變得更棘手難纏（怎麼看都覺是對方「食古不化」而自己卻「行事正直」，多麼理所當然的認定啊）。現在，肯尼和他未婚妻莉莉正為了「是否該給上門維修人員小費」，而爭得僵持不下。肯尼百分百認定，不給維修人員小費是對別人莫大的羞辱，更何況為了確保「下一次」的服務品質，給小費是必須的唯一方式。莉莉不以為然，她認為肯尼的那些建議根本毫無意義，也完全沒有必要。

想要擁有幸福婚姻，雙方其實未必要建立付小費的共識。但他們確實需要釐清彼此因天差地遠的歧異而不得不接受與忍受的不適，承認這些衝突多麼可怕，而兩人都必須認真聆聽對方的想法與感受，試著去諒解這些漸行漸遠的背後，那些有跡可循的創傷與脈絡。這張字卡幫助你們謹記一件事：我們之所以走進這段關係，不是為了要改變對方，而是為了聆聽。

33

「我覺得自己快要消失不見了。我找不到屬於我的位置。」

伴侶之間有時候會出現這樣的組合——其中一人說話大聲或占據較大的精神空間，而另一人則眇乎小哉，甚至人微言輕，如此情況其實很常見。一般而言，說話大聲的伴侶小時候可能被強勢型父母壓抑，而人微言輕的伴侶則早已心中瞭然，只要他們當個稱職的好觀眾，他們就會有好日子過。這種組合的伴侶可以長長久久、相安無事地生活下去；他們之間的關係，正符合我們治療師所謂的「後方拖曳」互動，雙方各取所需，彼此滿足。

你們當中如果有人想致力於成為伴侶的好觀眾，或可能樂於躲在角落而不善於活在聚光燈下，那麼，這張字卡值得你珍藏。你知道我在說誰吧！你老是讓自己遠離焦點，好讓你所愛的人感到舒服自在，不認真要求他們聽你說話，免得讓他們覺得你在施壓。

在這一刻，想像一下你對伴侶這麼說：「我覺得自己快要消失不見了。我找不到屬於我的空間。」接下來，開始留意自己「慢慢被看見」到底是什麼樣的感覺。然後，把這種感覺說八十遍給自己聽。在大庭廣眾下用力呼喊。覺察到自己即將消失不見，是相當高度的自我意識，我的用意很明顯，希望你多一點自我觀照，也因此，這是我在本書所列的字卡信息中，少數幾張建議你在使用前先充分練習的字卡。請你回想一下，過去那些假裝聆聽伴侶說話的時刻。不妨也想像你下一次可能就被澈底消失的情境；但如果你出示這張字卡的話，情況又會有何不同？

請你記得，你身邊這位先聲奪人的伴侶可能就是心存類似想法。他們擔心如果不先在你的注意力範圍內占地為王，那他們終究也會像你一樣，銷聲匿跡，不復存在。或許你可以考慮和伴侶談談這些議題。

當然，許多伴侶未必這麼兩極化，但只要任何一方老是被要求當乖乖聽話的觀眾，就有必要出示字卡；嘗試維持平衡的動態互動，其實人人都適用。

34

「我很難承認自己可能真的錯了。」

是，就是。坦然承認會讓你感覺自己很正直、對得起天理良心，裡外一致、安然自在，而且深得伴侶的感激與欣賞，特別是當你瞥見那道悔改之光而認錯之前，你差點兒就把他逼瘋了。

一句話，已勝過千言萬語。接下來你應該知道要怎麼做了。

35

「我擔心如果我道歉了，你會把所有錯都怪到我頭上來。」

你之前就答應丈夫，和會計師見面之前，會把所有繳稅文件準備好，但你食言了。一如所料，一切都被拖延，這下，你的丈夫連同會計師都很不高興。但你內心也不爽，吶喊叫屈：「不公平！」誰有時間去整理這些「額外」的稅務工作啊！又不見有人來幫我搞定娜塔妮的生日派對或洗衣服或去機場接奧黛麗阿姨！誰來幫我啊？所以你就花了最後那十分鐘用力說明過去三個禮拜你做了那麼多事，說你一點也不懶散怠惰，就連你在睡夢中都在為人類的進步做出偉大的貢獻。

接著，你豁然明白了：對欸，我真的必須處理這些報稅的事，說真的，這些年來其實我早就知道最後期限是四月十五日啊！更何況，這過程中也沒有人對我提出不合理的要求。

乖乖出示這張字卡吧，如果你的伴侶接受了，請你氣定神閒多補一句：「我知道我哪裡錯了，而且錯很大。」

如果你的伴侶比較不敏感和容易失焦（「你真的需要第三塊布朗尼蛋糕嗎？」），這字卡訊息尤其有用，不過，相較之下，你的激烈反擊讓他們慢半拍的反應顯得更加蒼白無力。這是使用這張字卡的好時機；因為你很清楚你欠伴侶一個道歉，而你也知道自己實在給得不甘不願，就是擔心他們對你的疏忽大意，會在你的拖延戰術中被搞得更加迷糊。

千萬「不可」在你犯下令人不安的大錯時，對伴侶使用這張字卡，譬如對孩子語言暴力、戒不掉癮頭又重蹈覆轍、或和他人調情搞曖昧。在某些牽扯道德爭議的情況下，如果還要硬扯彼此都有錯，那完全就是糟糕、貧乏又侮辱人的表達方式了。

36

「你恨我嗎？」

這張字卡是閃閃發亮的寶石。我真心相信，如果人人都能探觸這個直指人心且恆常存在的問題，那就沒有戰爭，天下太平了。重點來了：

格蘭妲提高聲量，假意關心丈夫葛雷，但暗地裡卻懷疑丈夫是否患有「注意力缺失症」，因為葛雷忘了到藥妝店買些需要的東西。葛雷厭惡妻子的作法，嗆聲反駁：「幹嘛不直接用『注意力缺失症』？欸，你有沒有想過我可能是阿茲海默啊？」說完便走出房間。格蘭妲緊跟在後，為自己辯解：「就只是個問題嘛。」取得道德制高點後，順勢把丈夫的臉皮太薄和動輒退縮的反應，批評一番。她訓斥越多，他越是頑固不化。我們可以給葛雷先生很多建議，但現在我只想把焦點放在格蘭妲身上。

合理假設：看到丈夫空手返家，格蘭妲因自己的挑釁口吻而感覺內疚。別搞錯了！葛雷其實是氣她的，但更深層的真相是，與妻子投射到他身上而衍生的自責與自我厭惡相比，他的怒氣顯得毫無氣勢。小時候，當爸媽為了芝麻小事生氣時，我們總以為是自己不乖不好。格蘭妲在此掌握了自我保護的優勢立場，成功擺脫自身可怕形象，迫不及待以負面表態質疑丈夫的健忘。

喔，環顧四周，數以千萬個格蘭妲。好難的學習，但不妨用這張字卡來獎勵一下委屈受害的自己吧！就算你的伴侶忘了買你要的洗髮精與抗過敏藥，而且看起來還一副「完全不想理你」的樣子。

你毫不設防的坦然舉字卡，不但讓伴侶卸下心防，也讓自己開始負責任地承認，你的表達方式或許真的激怒了他。他可能會說些類似的話：「喔不，我不恨你，我愛你……所以我才會覺得自己很糟糕，讓你失望了。」即使他當下直接怒回：「是的，我現在確實恨你。」那也是一種解脫。有時候，讓真話說出口，你們都會恍然大悟——仇恨，多麼偏狹又真實的人性常理。天真問一句：「你恨我嗎？」適切又驚人的情感連結，就蘊含在這句扣問中。

37

「好像我應該知道要怎麼做，但坦白說，我真的毫無頭緒。」

幾年前，我為一對伴侶在我家辦公室進行一場緊急諮商輔導，這對來自阿根廷的夫妻涉世未深，較不成熟，幾乎每天都吵架。我花了兩小時引導他們，一起討論真正聆聽的重要性。我後來從個案轉介處獲知，他們把我視為「真正的救命恩人」。

諮商輔導結束後不到四十八小時，我和我丈夫為了一個懸而未決的老問題爆發衝突。那場怒火在家裡兩層樓之間迅速延燒，我們叫囂互罵，狼狽不堪。最慘烈的是，那位剛離開不久的阿根廷先生因為忘了把眼鏡帶走而折返來我們家的辦公室，我們咆哮互嗆的字字句句，他都聽到了。我記得我好想當下用力責怪我丈夫，或跟我的個案解釋：「喔，我剛剛只是試著管教一個從我們精神病院逃出來的病人。」

我開誠布公告訴你這些，是為了讓你知道，當我們被莫名激怒時，我們都可能表現得「不成熟」。我敢保證，老天爺精心安排了一場狼狽不堪的情境就是為了要讓我保持謙卑。當然，風平浪靜的好日子，我無論和自己或伴侶相處都能和和美美、鶼鰈情深，在水乳交融的互動中，我的言行自然是得體又正面，不過，也可能十分鐘後一被激怒就理智線斷，事後回頭看，那些倉促的道歉其實都為了緩頰圓場，私下卻心知肚明，我只是放任自己卻又克制不了、停不下來，只能任由自己困在偏執的牢籠裡，莫可奈何，孤立無援。

讓我們這麼看吧：你認為你父母（更別說祖父母那一輩了）他們真的會在意彼此是否建立「精心優質」的交流時刻？或煞費心思討論雙方是否「發自內在深處的連結」與「為對方創造空間」？我們都是「親密科系」的入門初學者。

你若心悅誠服地認同這張字卡，那就表示你真的接地氣，活在現實中。

38

「我覺得自己眞是個大笨蛋。」

我先把話說在前：除非你的伴侶來自不明的其他星球，高深莫測；不然的話，不管你或說或做了任何魯鈍、愚蠢與瘋狂，或完全白痴的事，這張字卡幾乎能「感動與融化」伴侶的心，萬無一失、百發百中。

有一次，在我深陷困境、急需有人代我發言時，我的導師在我沒有開口要求的情況下，自動全力支援，替我解圍。我受寵若驚，銘感不忘之餘，立即給導師發了一封電郵，千恩萬謝，寫了一句話：「我可以做些什麼來回報你？」導師還真的明確列下三件我可以「回報」的事，頓時令我錯愕不已，其中一件恐怕得耗時數小時才能完成，而且是冗長乏味之事。面對如此進退兩難的尷尬局面，我深思糾結好幾天，最終再寫信感謝他為我所做的一切，這份恩情彌足珍貴，讓我領受了導師滿滿的關懷，但如果要我一一完成這些要求，我恐怕得接受三個月復健治療才能恢復身心健康……是不是有其他彌補方式來解決這問題？

導師赫然發現他的角色與要求對我所造成的壓力，他——無疑是個善感大暖男——急忙回覆並解釋，他之前的表達與要求，肯定是出於他潛意識那份「自戀型障礙」的人格，不是他本人。他隨後以放大的字體清楚寫下這幾個字：

我—覺—得—自—己—真—是—個—大—笨—蛋—

頃刻間，撥雲見日。跟你說了，萬無一失。

情境4

承認錯誤

為了讓兩人都能建立一種我稱之為「有意識的關係」，以此相待，尤其衝突當下，你們任何一方都必須具備以下四種有意識的思維：我的內在感受如何？你的內在感受如何？你怎麼看我？我怎麼看你？我們大多對「你怎麼看我」比較能敏銳察覺（譬如挑剔、輕忽、訕笑、對我失望、嚴苛），也很熟悉「我的感受如何」（被貶抑、被激怒、被偏差對待、不耐煩、小心翼翼或其他焦慮不安的感覺）。我們一般比較不善於理解「你的感受如何」；也對「我如何看你」這問題，無感無知。

這一組字卡的設計，是為了使你更認識最後兩條「較少人走的路」，幫助你更了解「較差等級正能量」的行為，可能對你的伴侶造成什麼樣的衝擊。如實接受你的過度反應或嚴苛準則或你的恐懼，甚至承認自己確實可能對伴侶的認識存在盲點與偏見，都是一件美好而療癒的事。到頭來，這些總歸是建立信任感的點滴緣由。並非每一件事都和信任有關，但信任幾乎等於一切。

我忽然想起參加伴侶講座中聽到的一個故事。一位年輕丈夫對一件親身經歷耿耿於懷，某次半夜上廁所時因絆倒弄傷腳趾而哇哇慘叫，他的妻子竟然聞聲不動，也沒有說句安慰的話。這名妻子堅稱自己當時一定是睡死了，其實也不算太離奇的不在場證明，但這位丈夫始終無法釋懷。他確信妻子是聽到的。當我正準備向他提供一些「夠了啦」的療癒版本時，一旁的妻子吸了一口氣後坦承：「我其實沒有睡著。我確實聽到。那一天我真的累翻了，我很猶豫和擔心，因為隔天一大早要起床上班，而且那天我的狀況很差。我很抱歉，對不起，我可以看出你被輕忽的感覺很不好受。」丈夫被認同之後，終於釋懷，對妻子展露笑容並說：「我很開心聽到你和我說實話。」

我想，當下瀰漫的愛與信任，遠比妻子半夜三點起床化身白衣天使呵護丈夫疼痛的功勞，還要美好多了。

39

「我知道我劃錯重點了。拜託再給我一次機會，好嗎？」

戴娜試著想和丈夫分享她當天的特別際遇和驚喜。路邊工人在高速公路上撿到戴娜的皮夾，隨後開車一路在車水馬龍的繁忙交通中追了超過九公里，把皮夾交還主人手中。原來當天戴娜打開車門後，一時疏忽竟把皮夾擱在車頂上，然後便開車駛離。講完親身經歷後，丈夫馬克迫不及待開始訓斥了妻子一頓，責怪她太粗心大意，藉機提醒她生活中類似搞砸的大小事發生了好幾次，這下，馬克比過去任何時候都更確信妻子戴娜確實有嚴重的「放空」問題。

這樣不好喔！這樣的情境在夫妻之間引發的爭執不和，比其他狀況還要棘手。馬克把焦點放在事件的內容，借題發揮，把他對妻子長期以來做事馬虎的個性訓了一頓。這個「天賜良機」的場景——戴娜又丟三落四，譬如忘了去把送洗的衣服拿回來——很可能讓馬克想起自己過去被忽略、不受關注的早期創傷。但無論如何，他還是搞錯重點了，這真的讓老婆大人氣得想殺人。為什麼殺氣騰騰？因為戴娜興致勃勃地分享一樁突如其來的高尚情操與善行，那可是她一心嚮往、最理想的生活境界。而她丈夫澈底反面的回應，激發她內心的深度恐懼，擔心沒有人可以分享她的現實生活，擔心再也找不到能真心滿足她期待的理想生活了。

當馬克立刻舉字卡，承認自己劃錯重點、離題失焦了，戴娜原來雀躍的心，怦然動一下，她忽然感覺自己能重新讚賞與肯定丈夫了，或許無法和那位歸還皮夾（當別人為我們額外付出時，我們通常會泛起類似的感動）的模範公民相提並論，但也相去不遠了。

戴娜其實可以自己編造一個訊息來舉字卡回應馬克：「我現在還在氣你。你知道為什麼嗎？」（後續內容不好處理，恕不列入本書）你會驚覺，原來看似毫無頭緒的人，頓時開竅了。

40

「我已經知道自己的憤怒太毀滅性了，我眞的傷害了你。」

談到「個人承擔自己犯錯的後果」，這張字卡是個清楚明確的範例。表面看來，舉字卡者直截了當，沒有拐彎抹角。只是我們太習慣聽到別人要麼否認自己生氣，不然就捍衛自己憤怒有理，所以，當我們發現有人既不否認自己發怒，也不自我辯護，還把焦點放在檢討自己生氣所造成的後果，甚至傷害了大人您。善哉，此舉已近乎聖賢啊！

我的個案經常對我說：「你說我是不是生氣有理？」「如果你太太完全沒有知會你就擅自從你們的共同儲蓄帳戶中提了兩千五百美元借給朋友，你會不生氣嗎？」「如果你丈夫答應會遵守你煞費苦心才幫你們家四歲孩子訂製的上床時間表，但卻在你出差時隨心所欲打亂孩子的睡眠時間，你難道不抓狂嗎？」

是的，我很可能大失所望，也可能勃然大怒。但我已經學到教訓，親身經歷自己的憤怒如何傷透我所關心的人，也澈底識破「我的生氣只是實話實說的真性情表現」等自以為是的想像，總之，憤怒不是我理當爭取的權利。

你或許會擔心，如果默默承受這些「惡果」的話，恐怕你的伴侶會直接忽略你合情合理的抗議或好不容易才建立的目標（畢竟，不經討論便自作主張借人家兩千五百美元真的不妥、把四歲孩子辛苦調整的睡眠時間搞砸了只是自討苦吃），但這些都不是這張字卡的原意。這張字卡要說明的是，為自己的暴力反應負責，同時承認自己不是以「建立認知」的宗旨為出發點，而是從受害者的權益為考量。我只能說，你越是相信自己值得被關注、被認真對待、被放在心上，譬如當你和愛人立界線，那麼，你就越能理直氣壯，不必動用「合情合理」的緣由來痛擊你的伴侶。

41

「我知道我反應過度了。你可以給我幾分鐘讓我恢復理智嗎？」

有時候，在一段關係中，某一方會做些讓另一半抓狂的事。對，事情就這麼發生了。問題是，要如何熬過這段逼近瘋狂的關鍵時刻且又避免做出危害你們關係的言行？其中一個最好的方式是「暫停片刻，然後用一點時間讓自己恢復理智」。當塔莉雅面對丈夫「有趣的舉止」時，來看看塔莉雅可能出現的兩種反應：

A.塔莉雅：「你說你想幹嘛？我有聽錯嗎？五十一歲大叔去穿耳洞？你玩真的嗎？列尼啊，我想你早就已經過了嬉皮追訴期了，不是嗎？你老到連『中年危機』都嫌太晚了好嗎！說真的，你不覺得自己有點標新立異嗎？」

B.塔莉雅：「我承認一開始聽到你要穿耳洞，我真的很震驚。對不起，我不該嘲笑你。我剛剛立刻舉字卡了，我想像下個月當我們看到這張字卡時，我會多尷尬。我很在意芮貝卡的想法，我知道那是我的問題。嗯，告訴我吧，我真的很好奇，什麼原因讓你決定做這件事？」

那麼，你要如何防患未然？避開撕裂關係的A反應，速速進入B反應呢？答案是，時間。這就是這張字卡的戰略優勢。舉字卡承認你的反應有違常態，要求對方容許你花些時間恢復理智，因此，你向伴侶發出信號。即使你對伴侶已經做出的回應或打算要做的回應心存惶恐，無論如何，你最不想做的事就是傷害你的伴侶或你們的關係。

把這張字卡緊握手中，一直到你已恢復理性，神智清醒。

42

「我知道我一直喋喋不休。我可以理解你爲什麼想要離開我。」

一言以蔽之，這張字卡讓你先解決自己的問題，然後，再深入他人的架構與思路。但，這到底是什麼意思？處理障礙，讓自己全身而退？

對我來說，那意謂著放棄美化自己的形象，不要去探究真相，只要對其他瑣碎小事表現得興致勃勃就對了。這是隱藏在本書多數字卡與一般關係療癒背後很根本的神奇方程式。尤其這一張，單純的樸實無華，反而令你為之驚豔與詫異。出示字卡的一方，或多或少對你傳達這樣的意思：「我承認自己無藥可救，而且令人厭惡。我先拒絕你，而讓你不想靠近我，這一切都講得通。」

舉字卡者搖身一變成了可親可愛的人，因為她不挑軟柿子，既不責難伴侶逃避，也不讓對方自慚形穢。所以，當伴侶一看字卡，立刻瞭然於胸，頓時心存感激，隨即陷入短暫的困惑茫然。剛剛那個舉字卡者怎麼莫名其妙就從攻擊者切換成聖人模式？接收的伴侶會感覺有些無所適從，自己原來的預設立場與反應，被對方的善意與毫無防衛，搞得受寵若驚。伴侶之間冷戰已久的僵化與淡漠，戛然而止，這下，雙方都不曉得下一步該怎麼走了。

在尷尬與感激之間，你總能找到一條自在的出路。我可以向你保證，在這樣的時刻，不妨咀嚼一下尷尬的滋味吧。這是明智之舉。

43

「我知道我沒有給你足夠的安全感。請你不要放棄我。」

當然，這張字卡總能在各種情境的互動中發揮功能，但我特別推薦在一種特殊狀況下派上用場。當你誠意十足的向愛人保證，自己真的對他的觀點感興趣，而且承諾要成為最棒的聆聽者。你會說出類似的話：「真的啦，寶貝，告訴我你的感覺如何。」或「拜託嘛，我想知道。」或「天啊，我知道這對你來說很難，但我會讓你平安沒事的。」然後，當對方才開口講不到兩分鐘，你就火冒三丈了，聽起來就「不公平」或只是不夠快狠準的切入重點，你已開始惱怒不耐，對你的愛人直言不諱，而且語氣充滿挑釁。不管對方感受如何，一聽就知道是對方犯傻或精神錯亂。

這樣的事，層出不窮。一開始，馬爾文真的想了解貝菲莉如何把那台車搞定。貝菲莉淚流滿面，開始說起事件的來龍去脈，三十五秒後，馬爾文嚴肅打斷她的話：「所以，你到底是不是在轉彎的車道上？」葛芮琴對珍妮絲已不聞不問好幾天，珍妮絲忍無可忍了，她央求葛芮琴：「請告訴我真相，我只想讓你覺得更安全自在一點。」當葛芮琴表明她嫉妒珍妮絲和她們最近認識的一位女性朋友相談甚歡的忘我態度，她覺得自己被珍妮絲冷落了，話還沒說完，珍妮絲隨即反彈，指責葛芮琴怎麼可以懷疑她不忠，順便反脣相譏，出言羞辱葛芮琴：「跟你在一起讓我連個呼吸的空間都沒有，早知道就不該在你面前和她說話！」

寫到這裡，我忽然明白為何我會把這句「請不要放棄我」寫進字卡上，這肯定是可以強化本書許多字卡的一句話。當一段關係遲遲等不到安全感時——更別說安全感的承諾完全沒有兌現——不再相信對方，是理所當然的後果。當背信棄義的一方意識到自己已造成的傷害，他們會明白別人為何想要放棄他們。還等什麼呢？趕緊亡羊補牢，採取應對措施吧！

44

「你瘋狂有理。我可以理解你爲什麼那麼氣我。」

當我們的防衛心很重時，其實那不完全是我們有意識想要這麼做，而是我們試圖讓伴侶知道，他們確實處於不可理喻的瘋狂狀態。

韋德問蒂蕊知不知道她姪女的婚禮日期和地點。蒂蕊回答：「我待會兒幫你看看。」韋德忽然激動大叫：「你沒有回答我！」蒂蕊不甘示弱，嗆回去：「我說我待會兒幫你看看。」韋德這下更怒了，說：「你是看不出來嗎？我的問題只需要你回答是或不是。」蒂蕊被逼得退無可退，火冒三丈反擊：「到底是有什麼差別啦？」再補上一句：「你瘋了。」一番脣槍舌劍下，兩人大吵一架，蒂蕊覺得韋德根本莫名其妙在挑剔為難她，而男主角則因為蒂蕊對他堅持的差異不以為然，而怒不可遏。

好吧好吧……韋德傾注心力去介意一個微乎其微的語意之別，聽起來確實有點小題大做的瘋狂。但是，如果你明白，「我們永遠不因思考而沮喪煩亂」，我們就能對韋德感同身受。對韋德來說，他從小在一個凡事模稜兩可的環境中長大，所有反應都含混不清，身邊的人隨性散漫或動輒發飆。此時此刻，韋德期待蒂蕊能確保他已遠離那種可怕而混亂的宇宙天地。

事實上，問題就在於：每一次當你的伴侶對你惱怒時，他們內在的某個小角落是瘋狂的，如果你能諒解他們其實沒有意識到過去的「舊恨」已加劇了眼前的「新仇」，那你大概就能確信他們沒有百分百「處於現實狀態中」，他們還在自己的世界中。不過，話又說回來，你把他們視為不可理喻、脫離現實的這一點，或許也源自你個人的創傷經驗，因此，雙方都「不完全在現實中」，各自適得其所。

在一個完美無瑕的世界中，這是一張人人期待享有的字卡，然後再由接收者回送給舉字卡者。如果韋德能理解蒂蕊為何把他當瘋子，那或許會讓蒂蕊覺得一切情有可原，正常多了。

45

「你看起來很懊惱，我可能低估了自己對你的衝擊有多大。請你告訴我，我真的想了解。」

我坐在這裡沉思，想起過去那些來接受諮商的個案和我個人生活中所曾看過的許多例子，頓覺這張字卡真令人感覺如沐春風，宛如一口新鮮的甘露之氣（我知道這樣的綜合比喻很怪，但無論新鮮空氣或瓊漿玉露，都不足以形容這份撼動人心的質感）。

我發現，我其實不願把一般個案資料和你——我的讀者——分享。為什麼？因為這張字卡傳遞的訊息，謙虛自省、滿懷關切，除了讓你自己使用，真不該浪費在別人身上。

對大多數人來說，我相信你們不需要回顧太遙遠的從前——不超過一週前？肯定不超過一個月前——隨手就能列舉被伴侶的魯鈍固執搞得心煩意亂的經歷……當時的你，經歷某些令你非常懊惱沮喪的事，而且不斷重來，無論你怎麼費心盡力，你的伴侶依舊不為所動，不理解或不會理解或根本就——無法理解。

現在，想像在如此糾結無解的情境下，你的伴侶向你坦承：「你看起來很懊惱，我可能沒有完全理解自己對你的衝擊有多大。」然後再加碼送一句：「請你告訴我——我真的想了解。」喔！太甜蜜了吧！

其實，這張字卡可以用在上一則個案的情境。尤其當韋德面對蒂蕊的熱心協助（「我待會兒幫你看看」）竟忽然心生厭惡而發飆時，蒂蕊若能在咬牙切齒的防衛前，把這張字卡派上用場，效果肯定超棒。她完全毫無頭緒，不知道韋德哪根筋不對才會這麼小題大做，幾乎把蒂蕊逼瘋了。

謙虛自省、承擔責任與愛，集於一張字卡中。一口新鮮空氣、神酒甘露，神奇般扭轉冥頑不靈的心。

46

「我現在聽起來可能像你爸媽，我能理解你會覺得很煩。」

如果你一直都持續關注地球上的生物，那你肯定也會留意自己的感情關係，顯而易見，此時此刻令你鬱悶難受的許多事，其實都在重演童年時期的困境與創傷。

一般來說，這些模式脫離不了背後這些特質的父母：掌控欲強、善於貶抑、疏離淡漠、予取予求、侵略性、情感壓抑、完美主義、始終憂心忡忡、過強的安全意識或偶爾過度的災難思維。還有更具體的許多例子，多得不勝枚舉，譬如擔心你只會讀書不擅社交的母親，老是灌輸你「不夠聰明不夠男子氣概擔心你永遠一事無成」的父親。

佛洛伊德最了不起的其中一個貢獻，是他對「潛意識」（無意識）的大發現。這理論定義了我們的許多行為舉止，也對我們的「移情」作用提出獨到的觀察，童年時期的權威人士對我們的「未竟之影響」，無可避免地投射到這位精神分析大師的身上。提出「意象理論」（Imago Theory）的哈維爾．漢瑞克斯（Harville Hendrix）博士，以一個極具說服力的個案來說明，我們總是「無意識地」選擇一位集結了父母所有缺點的對象當伴侶，潛藏在這可怕事實的背後，是個更深遠的目的：我們似乎非常需要重啟那份「未竟之影響」，好讓過去未曾被滿足的需求與渴望，能如願以償。

不過，離婚率已經告訴你，就算天賜良緣，這項崇高的使命還是難如登天。我已經把重點講清楚了，所以你現在比較能對這些弄虛作假、對你不利的事實，多一份同理：你的伴侶就是會像你爸媽。

你現在應該理解這張字卡為什麼會那麼令人充滿敬意。它一針見血，直探「情感不平權」的根源，讓我們不得不直視普遍存在的困境與困惑——有人比我更了解我，或比我更知道什麼對我比較好。成熟體貼的舉字卡者，能重新喚回封閉退縮的伴侶，讓對方快速回應。所謂平權，不外如是。

47

「我剛剛一時反應不過來，竟然把你當成我媽；我知道你不是。」

對世上的「控制慾父親」來說，有個觀察很有趣——每一次當別人對我們指指點點，搞得我們心煩氣躁時，最常用的一句反擊是：「你又不是我媽！」這和另一句普遍的說法有異曲同工之妙：「你又不是我老闆！」這兩句話似乎暗示了一個道理，母親很可能有資格成為你的老闆。面對現實吧！你人生的第一個老闆，就是你媽；就算你爸爸是個控制狂，就算你媽媽和藹可親，但在你耳畔叮嚀囑咐的，一般都是你媽媽：告訴你吃什麼、何時吃；哪件衣服才真的是「你的風格」；為什麼堅持你在上車前必須先去尿尿；哪些人可以請來參加你的成年禮，哪些人不該邀請；你都還沒想到何時出門，老媽就已不厭其煩提醒你離家前必須完成的事。

由此看來，即使我們的伴侶提出一個簡單又合理的要求：如果你可能會遲到超過二十分鐘，你可以打個電話給我嗎？當你用完一捲衛生紙了，你會記得換一捲新的嗎？車子的油箱已經顯示燈號了，油量只剩四分之一，你可以現在去加油嗎？你可以在這個部位撫摸久一點嗎？咦，怎麼聽起來就是感覺被人頤指氣使呢？

無論你的性別與性傾向為何，許多人都會把伴侶當成一個媽媽的角色來回應。相信我，還有更令人困惑的事實——無論你的性別與性傾向為何，任何人若想在言行上真的像媽媽，那幾乎不可能。然而，我們多數人卻在進入目前這段關係時，早已默默成為第一位老闆的屬下員工。心甘情願也好，心存怨恨也罷，總之都俯首稱臣，放棄主導權。

透過出示這張字卡，你在「有點孩子氣的小老闆」與「嘗試當我自己的老闆」之間，做了個意義不凡的區別。這樣的區分，等於送了份更大的禮給舉字卡者，重獲一個更像朋友而不像教官的伴侶。

48

「我剛剛一時反應不過來，竟然把你當成我爸；我知道你不是。」

在我的心理諮商培訓中，每隔一段時間便有人提出一個有點嘲諷與開玩笑的問題：爸爸這角色到底有什麼用啊？到頭來總是「媽媽這個、媽媽那個。強勢的媽媽、嚴酷的媽媽、順從或充滿魅力的媽媽……真的欸，爸爸的存在有什麼意義嗎？」

還記得我的一位老師給了個絕妙解答。他說：「爸爸存在的目的，就只是幫助孩子脫離媽媽。所以呢，爸爸既不能太可怕，也不能太疏離。」

雖然這麼說稍嫌簡化，但近幾年來，父親的角色，已越來越能承擔起培養與教育、積極參與和孩子成長一切「相關」的職責，想想這位老師的回答，真有意思。我們生命的初始來自母親，那是母親與孩子之間彼此共生、相互依存的關係，而且必然往前行，期待從「我和媽咪」逐步轉化成獨立自主的個體——愛麗絲或傑瑞或麥當娜或斯丁——擺脫了媽咪。或許我們很容易把個人轉化的失敗歸咎於家裡有個「占有慾的媽媽」，但事實上，許多人都不得不承認，在成長過程中，我們很遺憾都曾有個可怕或疏離的父親，有些父親甚至兼具兩種特質。

莎莉整個人驚慌失措，因為比爾居然忘了去學校接他們六年級的女兒回家。莎莉的惱怒完全合情合理（「不然咧！你以為親子基因藏在輸卵管裡嗎？」她痛罵比爾）。如果這對伴侶想要跨越橫擺眼前的關卡，那莎莉得先意識到自己原生家庭的父親——那位總是心不在焉、魂不守舍的爸爸，對她的影響有多大。有一次，莎莉的媽媽為了製造果凍模具而急需鳳梨罐頭，拜託爸爸去買一罐；神奇的老爸從超市回來時，買了九樣東西，就是忘了買鳳梨罐頭。重點來了：莎莉的驚慌焦慮仍多少與父親過去的失誤有些關聯，一如她擔心比爾隨時可能把事情搞砸了。真切又寫實。

49

「我可能聽起來／看起來像你媽一樣，我可以理解那肯定讓你感覺非常畏懼／不安／惱怒。」

這本書記載的字卡信息，可以有數百種不同的表達方式（譬如：感覺好尷尬，感覺很糟，感覺毫無進展……等等），讓我不得不慎選高度主觀的字彙，我覺得有必要在這一系列「媽媽字卡」與「爸爸字卡」的設計上，讓讀者多些複選空間可用。當伴侶和我們共處時竟不自覺想起與自己父母的互動經驗，為了舒緩伴侶的感受，我們得動用智慧與善意，找出最適切的詞彙來表明我們已充分警覺其中的關聯，也準備要用心而有意識地進入他們的世界。

其實，只要細微的小區別，就能幫助你的伴侶看到你和他們的父母大不同。即使你一邊談論減肥一邊又拿起另一份馬鈴薯泥的樣子「看起來」真的很像他媽媽，只要你可以理解這對他來說是個多麼「不安」的事實，你就能幫助他認清，你和他「沉迷節食」的媽媽迥然不同。

當她在沃爾瑪超市時，你發現自己已在最近這二十八分鐘內提醒她三次，記得買一包AA型電池，你不妨承認自己「聽起來」就跟她從小一起長大的某位女性一樣「討人厭」吧。想像一下，當她拿著小一號的AAA型雙包裝電池回來時，你一看買錯的電池，二話不說就像個瘋子一樣炸開，而如果她媽媽剛好又是個古板嚴厲的女老師，那你很可能完全符合「一直以來」都令人「畏懼」又「不安」的人格特質。

出示這張字卡，幾乎等於是媽媽「原型現身」，出現在十二歲的自己面前，優雅直說：「不是你啦，是我喔。」

50

「我現在可能聽起來／看起來像你爸一樣，我可以理解那肯定讓你感覺非常畏懼／不安／惱怒。」

珍妮的爸爸是個自以為是的酒鬼，在珍妮眼中，即使丈夫亞倫只是偶爾喝太多，也會讓她心頭一揪而備受煎熬。其實亞倫和爸爸的喝酒習慣大不同，亞倫經常好幾週甚至好幾個月都滴酒不沾。但一年總有幾次，幾乎都是在一些社交場合上，亞倫會小酌幾杯，但頂多就是兩三杯，酒後難免微醺，珍妮見狀總會威脅亞倫，若不答應戒酒就要離家出走。兩人之間為此爭鬧不休，甚至爆發嚴重衝突；亞倫覺得自己不被理解，而珍妮則覺得丈夫根本不曉得喝酒這件事讓她受盡多少磨難。對我這麼一位在飲酒議題上態度強硬的諮商師來說，以亞倫的飲酒頻率與紀錄來看，我不認為亞倫有任何酒精成癮的問題。

亞倫對妻子不厭其煩地表明了好幾年：「我不是你爸爸。我不會喝醉。拜託你別再提這問題了。」

幾個月前，他們參加珍妮親戚的一場婚禮，同樣的老戲碼再度上演。但這一次，手上有字卡的亞倫不再為自己的行為辯護，而是在抵達家門時，直接對妻子舉起這張字卡：「我現在可能像你爸一樣，我可以理解那肯定讓你感覺非常不安（最後手寫填上去）。」

就在我撰寫本文時，珍妮告訴我，從此以後，她釋然了，不再被丈夫偶一為之的第三杯酒而抓狂；真希望每一張字卡的適時介入都能引發如此強大與永久的效果。在實際驗證的個案中，另一對夫妻也因這張字卡而受惠。個案中的丈夫，有個嗜賭成性的賭徒老爸，這位丈夫的困擾倒不是因為妻子愛賭，而是妻子熱衷到處詢價與愛比價的個性，觸發他連結起父親的賭徒記憶。看到妻子想方設法找出最便宜的機票、最經濟實惠的葡萄乾麥麩，彷彿看到父親的成癮問題（某種程度上或許也算是）。當妻子理解了自己的行為已激發丈夫的負面感受，奇妙的是，這位丈夫也因此而學會如何區分「危險的成癮」與「類強迫症」之間的差異。

51

「我現在的言行可能很像＿＿＿＿，我可以理解這讓你很不安。」

字卡上的空格，由你自己填上：虐待狂哥哥、愛刷存在感的可愛小妹、戴假髮的猥褻大叔、曾經公然羞辱你的前任、拒絕做愛就抱怨不停的前任、每晚親密時光一刻也離不開手機的前任、把你當二等公民的繼母、窮困潦倒的繼父、傲慢無禮的兄弟姊妹或自以為是的優越感上司、偏心的祖父母只愛拉小提琴的弟弟……族繁不及備載，任君選角。

設計這張字卡的初衷，原是為所有配角量身訂製，找出父母以外的其他外圍親人，那些你或你伴侶可能出現「移情」反應的對象。不過，這些擁有《現實生活字卡》的使用者，都是奇葩，他們不但把內容擴大應用，而且創意十足：「我現在的言行舉止可能很像白痴蠢蛋，很像邪惡女巫，很像選秀節目評審西蒙·高維爾（Simon Cowell），很像修女院院長」，「我可以理解這讓你很不安」。

無論你要如何填寫這張字卡的空白處，我們提供第二次填充題的機會，緊接在後的第52張字卡。這個安排其實有個美意，就是要讓你為自己而舉字卡，想像自己在伴侶眼中，是什麼模樣與形象。就算他脫口而出：「別鬧了寶貝，你才不是什麼邪惡巫婆，我們現在說的是獨裁者海珊（Saddam Hussein）吧……」調皮打趣的比喻，瞬間把你們倆都融化了。這其中必有一方得承擔起責任啊。自我觀照，同時向伴侶充分表達，你真心渴望了解你的伴侶如何看你，如何體驗你們之間的關係。嗯，當然啦，你若能承認終於發現自己內在住了個獨裁者或烈士或浮誇的戲劇女王，也算值得了！

52

「我現在的舉止可能很像______，我可以理解這讓你很不安。」

請直接參考前面第51張字卡的「現場筆記」。

情境5

表達心聲

上一組的「承認錯誤」系列，讓舉字卡的一方，成熟地認清他們對伴侶的影響有多深，而這一組的大部分信息，則是讓舉字卡者以坦然卻又不傷和氣的方式，讓伴侶知道他們的立場已影響舉字卡的一方。他們的「我方聲明」很有說服力，是個絕佳好示範；在這樣的交流過程中，發表觀點的一方有意識地從個人經驗出發，尤其是按照他們對你的認知。這份聲明讓你的伴侶了解這些觀點的脈絡從何而來，直接跳過一些「你的聲明」（亦即「你讓我失望」）等額外控訴與責難等包袱。文字化的書面形式提示美夢成真的可能性——你可以讓你的伴侶自我檢視，明白他們對你的影響，以及實際上尊重你如何處理那些令你不舒服的事。

以當前的發展心理學觀念來看，最嚴重的精神疾病有個重要的發展元素，那就是讓孩子置身於一個雙重矛盾、進退兩難的家庭中成長；父母一邊對孩子說「我愛你」，一邊卻釋放出滿滿敵意甚至殘酷不仁的能量。孩子以依賴為恥，也以獨立為恥。但臨床實驗卻認為，問題不在雙重矛盾本身，而是要如何在分裂的情境與關係下，向自己的父母（照顧者）求助或溝通，那是孩子心中的禁忌，令他們無所適從。雖然你的童年衝擊不致使你出現嚴重的精神疾病，但我們大部分人仍難免為這樣的實況而糾結：我們要麼不被允許或無法向父母表達，讓父母了解他們的言行給我們帶來的感受。因此，當你因為伴侶的行為而備感困惑、憤怒或心煩意亂而開始使用這一組的系列字卡時，在舉字卡的當下，通常對你們雙方來說，理性就會自然提升，失控的情緒則跟著減弱。

以第53張字卡為例，當你舉字卡：「我不覺得你在聽」，就是表明你想要脫離一個無法與你持續互動下去的雙重矛盾，因為某部分的你一清二楚，對方根本沒在聽你說。第61張字卡：「你的行為讓我很尷尬。我跟你說的目的不是要讓你難受，而是想重新和你更親近些。」當你的伴侶對你積極的企圖心與努力視而不見時，把你的疑惑明白表達出來。你們之間的嫌隙若不直接解決，雙方的攻防戰還會持續下去。

我們對一些「不言而喻」的事和感覺，未必完全準確，有時甚至澈底會錯意。但如果都不清楚表達、明確告知對方，那我們離真正的親密關係，則漸行漸遠漸無書了。

53

「我不覺得你在聽。」

你和伴侶之間有多少不愉快的對話，是源自某一方或雙方根本沒有接受稍早前所討論過的協議與結論？百分之八十？百分之九十？或所有爭執都百分百源於此？

如果我們的伴侶留心聆聽我們所說的話，你覺得還會有衝突嗎？

我曾接觸過一位非常開明的「稀有人種」先生，當妻子向他吐露心聲，告訴他自己似乎迷戀上一名男同事，面對妻子深陷意亂情迷的困境，這位丈夫是如此用心聆聽，以致這位妻子感動到在當晚入夜前便已對那位迷戀的男同事失去興致，而情不自禁重新愛上自己的丈夫。我當時原本想說：「這不是神奇魔法啊。」但事實上，這確實是。因為唯有「行得出來」的，才是真正的神奇魔法。我當時原本想說：「這又不難」，確實不難。但如果你覺得自己必須「喜歡」所有聽進去的一切內容，這就有違本性，而強人所難了。事實上，要成為優秀的傾聽者，你大可不必喜歡你所聆聽的東西。真正高難度的挑戰與值得培養的品格，是喜歡你伴侶的渴望——他們渴望你的聆聽。

如果你一直以來不斷吵著要你伴侶聽你說話，日積月累的都是他們長期做不到的失敗鐵證與從未滿足伴侶渴望被聆聽的絕望，我真心向你保證，這張只有七個字的字卡，效果出乎意料，一定讓你愛不釋手。

這張字卡不只神蹟般讓耳聾者能聽見，就連眼睛也為之一亮了。

54

「我知道我現在在搞自閉。我答應你，我會恢復。」

我先承認我現在要說的內容聽起來有些抽象，但請你稍安勿躁，跟著我的思緒來思考一下：其實，根本沒有所謂「和另一個人交往。你充其量只是在另一個人的『能量場』內和你自己的內在交往（建立關係）。」舉個例子說明。假設在出示這張字卡前，剛下班回家的舉卡者，以一種不耐的煩躁語氣對他的伴侶說：「在你交待我一堆『待辦清單』前，能不能先給我一點時間獨處一下？」乍聽之下感覺有些直接粗糙，但在大多數家庭中，這其實就是和另一個人「建立關係」的方式。

現在，請想像一下，那位剛下班返家的伴侶舉起字卡表示：「我希望能花一個小時和你坐下來聊聊。」舉字卡的伴侶，態度誠懇。雖然這個文字訊息遠比剛剛那句口頭表達更好，但為什麼這段文字，還是不如第54張開宗明義的表態「我知道我現在把自己封閉起來」更令人滿意？

因為當我們把內在經驗毫不設防地與我們的伴侶分享時，我們越是毫無保留，我們的伴侶會感覺與我們越親近。剛剛那張假設性的字卡提及「一小時溝通的期待」，確實是個不錯的嘗試，卻不足以深化我們都想要的親密關係。反觀實際握在手中的這張字卡，透過充分表達內在感受——以此個案為例，亦即他們的「封閉狀態」——舉字卡者其實是以更具體與真實的方式來看待雙方的關係。

這些分析或許讓人感覺有些畫蛇添足，但往往深入探究我們內心深處的路徑，才是負重難行的一段路，以上述個案為例，我們的世界告訴我們應該「趕緊處理」與「準備連結」，但事實上，我們卻感覺心力交瘁、退縮不前，甚至為了自己的「封閉狀態」而懊惱尷尬。

以我在這裡所強調的精神為基礎，你可以自由修改這張字卡：「我答應你，我會恢復，但無法保證要多久。」

55

「我卡住了。我不敢告訴你真心話，但一想到要遷就你，我就覺得太可怕了。」

我一直假裝很期待去參加你的公司野餐。事實上，我超討厭戶外蚊蟲和閒聊，而且我好想去做個腳底按摩，但我又擔心你會覺得我不夠挺你，我一直假裝同意把凱蒂送去私校。事實上，私校學費真的很貴，而且我覺得一般公立學校也很棒，至於你小時候對阿斯頓學院（Aston Academy）的崇拜，我不覺得應該成為這件事的主因。你說等狄倫三歲你就去工作，其實，我對你不回去上班這件事一直裝作無所謂。你每一次做愛時都心不在焉，我其實一直假裝不去放大這件事。我其實已注意到你不再參加匿名戒酒會了，我只是假裝沒關係。我你選擇參加匿名戒酒會而錯過女兒的芭蕾舞演出，我其實一直假裝沒關係。我覺得這件事根本沒有商量的餘地，只是，我實在很怕告訴你我真的完全不想再拚第二胎。

我擔心你會覺得我不夠忠誠、不夠支持、不夠敏感，但一想到要順應和遷就你，那又太折磨我了。

這是人性最本質的兩極化差異，在之前的「現場筆記」一路走到這篇之前，為了幫助我們在對他人忠誠之前，我先忠於自己，這是一般人必抵達的目的地。事實上，這正是建立真關係的起始點，在你的能量場域內與我的內在連結。

當你有意識地把你進退兩難的困境，堅定如實地告訴你伴侶時——也就是這張字卡的重點——你或許會欣然發現，即使被解讀為不夠忠誠、不夠支持、不夠敏感或反之，其實也沒你所擔心的那麼可怕。

56

「我懇求你把我說的話，聽成我真心想要表達的感受，而不是我對你的攻擊。」

懇求？我真的在這本有意識溝通的手冊書裡選用這詞彙？真的是「懇求」？是的，這樣的狀況普遍到令人感覺如此刺痛與悲哀，許多善意的分享因聽者有心而把話聽成人身攻擊，澈底偏離原來的好意；若非這種遺憾的窘況層出不窮，我們這本書也沒有必要出現了。

羅妮因為薩爾沒有向上司提出加薪要求而表達她的失望，薩爾覺得妻子的話充滿攻擊性。哈爾告訴妻子洛萍，他很生氣看到十四歲的繼女沒有主動多做些家務，洛萍感覺丈夫是在批評她的教養能力。比莉娜一醒來就對葛蘭特大聲嚷嚷說他們昨晚相擁愛撫後竟睡著了，希望今早能繼續。即使比莉娜承認自己也要負起一些責任，但葛蘭特還是感覺自己被攻擊而受傷了。有時候，我們的伴侶會直接明說：「你在攻擊我」，但並非每一次都會坦白直言。但如果他們開始自我防禦與捍衛時，就像葛蘭特瞪著比莉娜回答：「我昨晚已經跟你講過了，我累壞了！好嗎！」這下，隨便一猜也知道，兩人都感覺到對方的責難與反擊。

你的伴侶感覺被攻擊，主要原因是你的回應讓他們感覺自己不夠好，而非他們的所做所為或沒做成的事不夠好。這是兩回事，但以這樣的形式接受各種批評指教，感覺都很強烈刺痛。所以，你在此懇求的目標是為了希望對方相信，如果他們因為聽到你說的話而感覺不舒服，那不是你的本意。但要謹守你的承諾，別忘了你的訴求是要他們聽見你的體驗與感知，好讓他們理解你，而非朝著他們的缺陷與不足之處打槍。

57

「你可以不同意我，但你不重視我的感覺，讓我很受傷。」

如果你們之間的問題是要求伴侶為彼此的歧見認真保留空間來面對，那麼，我們會推薦第9張字卡：「我不需要你和我的觀點完全一樣。但我需要你理解我為什麼這麼想。」特別當你想說服伴侶把假期縮短好讓你們可以趕上姪女的婚前單身派對，這張字卡或許可以派上用場。但第55張字卡的語氣則大不同，那是當你感覺伴侶有點自以為是、貶抑你、嘲笑你、勉強遷就你或刻意逃避不處理時，類似婚前派對上模仿新娘拆開禮物時尖聲驚叫的裝腔做勢，把告別單身的送禮場合變得庸俗，而忘了以成熟的態度處理一些可理解的衝突。在這樣的前提下，則適合舉起此卡。

對我來說，在不明確的人際關係中有個最明確又可靠的準則，那就是——

好心未必有好報，你怎麼對人，人未必依樣對你。他們以你「自我對待」的方式來對你。所以，這些字卡之所以成效卓著，其中一個原因，是選擇使用一個關鍵詞彙來重整一段膠著無效的互動關係：選擇優化關係氛圍。舉字卡者以自尊自重的方式，慎重其事地宣告：「受夠了這種膠著無效的互動！」一般來說，對手會重新回予敬意。

而這張字卡收穫的，卻是雙倍回饋。讓我們繼續以單身派對與假期為例，當你對伴侶的搖擺不定而惱怒時，沒有人會因此而怪罪你。「李，不用再費脣舌了。如果我們要早點結束趕回去參加珍妮佛的單身派對，那我們就得在今晚之前通知民宿要提早退房，不然就要不到退費。拜託你認真一點！」不過，如果情境對調，想像一下由你來出示這張字卡，狀況會如何？

你會突發奇想。你會掌控好一切。面對李的慫恿遊說，你不會輕易妥協，也不會用力抗拒。你不會想方設法引起他的注意，而且你會認真面對自己。當李開始放棄他的優柔寡斷而依照你的指示行事時，請你持守認真一致的言行。別忘了跟對方說聲謝謝。

58

「你沒有做錯事。我知道是我自己太瘋狂——相信我，我克服得了。」

我們可以將這張與之前的第44張字卡，視為伴侶雙卡。第44張字卡內容：「你瘋狂有理。我可以理解你為什麼那麼氣我。」安撫伴侶他們的惱怒，情有可原。那是深入他們的情境狀態去同理，無疑是理想的驗證。

不過，與其確認你的伴侶沒有發瘋，還不如向他們坦承其實你知道自己在發神經，相信我，說自己「起痟」會讓對方更感動。暗示你的伴侶，說他不敏感、令人失望、偏離主題或整體上乏善可陳等等，然後再明確收回你的指控，至少當下就撤回，省得伴侶緊咬不放證明你發瘋。事實上，他們可以傾全力讓你認清自己的真面目，然後再對你傾心傾慕，重新愛上你。你可能會被搞得緊張不安喔！

雖然這本書的概念是以成年人的親密關係為主旨，但如果遇到條件相符、全面而具有修復必要的情境，我強烈推薦你把這張字卡用在親子關係上，只要你的孩子讀得懂內容，請多多善用。其實，大可不必等到下一場衝突出現，再來費力矯正。什麼時候衝突點出現，就輕鬆快樂地直接舉字卡吧。你的孩子會瞭然於心，對你千恩萬謝、感激涕零；歲月如流，長大後他們會更加感謝你的深明大義，省得他們使用個人成長的日子，去驗證一堆困擾他們、半信半疑的東西。

我認為你可以向一個完全不認識的陌生人出示這張字卡，他們肯定會鬆一口氣。

59

「當你太強勢時，我很難理解你說的話其實很合理。」

一般常識提醒我們：「寧可幸福，也不要正確」，但如果你真的打從心底裡，百分百確定自己完全正確無誤呢？那肯定有問題！我們常面臨一種恐懼——擔心自己重視的大事不被聽見而激起不必要的緊張情緒。最終「果不其然」，擔心的事成真了，真的沒人聽我們說話。

這本書之所以取名《我想對你說愛的語言》，背後有其緣由。一如上文提及，我們一開始總是傾向聽進最抽象的訊息，所以如果聽到有人對我們吼叫：「逼我又打電話告訴建商我們要第三次更換廚櫃，實在是非常丟臉好嗎！」我們不會特別留意或關切對方合情合理的為難與懼怕，而是感覺自責，怪自己不該讓伴侶備受折騰，然後，為了自我保護而進一步回應：「欸，當我們去米納家具店選購時，對金色木頭愛不釋手的人是你喔！」

順便一提，自我保護的形式有強弱之分，未必都是明明白白的戰鬥模式。寶拉和丈夫唐一起參加夫妻協談，寶拉當場直言：「當我說『喔，我太興奮了！』他竟不自覺回應『媽的，真討厭！』當我告訴他有部超精彩的電影上映，我想去看，他當下就潑我冷水說死也不會去看那部電影。當我帶個很美的地毯樣品回家時，他一看便批評地毯奇醜無比。我的熱情總是換來他的冷淡拒絕。這些都是事實，我完全沒有編造。」

寶拉說的都是事實，但她或許忽略了某個環節。寶拉有個性格被動而鬱鬱寡歡的父親，她從小在父親的照顧下長大，只要在父親身邊，寶拉很少有機會大聲呼叫「嗨」，更別提歡天喜地說「我太興奮了！」所以，當她向丈夫展示或表達自己的選擇時，呼之欲出的迫切聲勢是「你喜歡我嗎？我能讓你快樂嗎？是不是很興奮？趕快回應我！」

我告訴寶拉：「唐不是要唱反調，他只是拒絕接受熱情測試。」這張字卡是讓當事者認清自己狀況的好方法，他們其實不曉得自己過嗨又情不自禁。

60

「你占據太多空間了，我覺得自己幾乎沒有轉圜的餘地。」

我經常在個人諮商的場合與無數女性朋友一起共事，她們聰明伶俐、口條清晰、善解人意、樂於坦誠自我反省，與敞開心胸接受別人的反饋，但卻和丈夫勉強維繫一段所謂「可有可無」、稱不上幸福的婚姻關係。她們會說：「我就是沒辦法讓他敞開心懷」、「他找不到可以說說話的對象，他沒有朋友，他連自己的親兄弟都不會多聊幾句……」、「他是個好人啦，但他媽媽真的把他榨乾了」、「他對感受和情感這部分很畏懼」。

妻子口中這些「冥頑不靈」的丈夫，經常也會現身諮商協談中，當我向這些丈夫提問時，終於有機會聽聽另一方的觀感與故事原委：

丈夫：真的很難。我知道莎倫很失望，因為我們不夠親密，但不是只有她不滿意啊。我們已經半年沒做愛了，我其實也很想親密啊。事實上……

妻子（插話）：沒做愛？我要跟誰做愛啊？跟那個每禮拜六就念念不忘和兒子玩足球遊戲的男人嗎？

接下來輪到我中斷妻子的話而說些類似的回應：「我能理解你想要你丈夫多一點主動和投入，你這樣期待也是理所當然。但如果想要如願以償的話，他需要更多安全感才能敞開自己。換句話說，你要讓他知道，你真的很想聽聽他經歷了什麼事，即使那可能令妳感覺不舒服，即使那可能不是故事的全貌。」

你身邊如果也有個不冷不熱、不太投入的伴侶——當然，這裡也包括一心期待身邊的女人可以更樂於敞開的丈夫們——請你勇敢自我檢視與提問，我是否已竭盡所能，為我的伴侶保留一片空間？或我是否無意間把這片空間關閉起來了？如果你剛好和我諮商室那位丈夫的處境雷同，不妨試用這張字卡。這是重建關係、調校位置的好出路。

61

「你的行爲讓我很尷尬。我跟你說的目的不是要讓你難受，而是想重新和你更親近些。」

告訴伴侶他的言行使你難為情，本來就不容易。通常我們會轉而選擇糾正的方式去應對：「你又再犯了。你告訴他們蘇格蘭高爾夫球週的整個故事，然後你開始想到誰就提誰的名字，好像吉娜和馬修早就認識誰是邁爾斯．斯萊特、誰又是傑傑．克勞。看到吉娜和馬修在一旁目瞪口呆、努力保持禮貌的表情，我就覺得尷尬。你說的故事全世界都聽過了，但問題是，就連我這個聽了十四遍的人，到現在都還不懂你要說什麼。」

不過，類似的糾正回應其實助益不大，聽起來也比較不舒服、詞不達意或接受度較低，這也是意料中事。伴侶令你難為情，你也為此而生氣。

這張字卡適用於對話結束前派上用場，譬如，從尷尬場合返家途中，你在車上繼續對伴侶長篇大論說個不停，其實你可以讓這張字卡來替你傳達。在抵達家門前，你當然知道自己表現不佳。你會試著道歉，並坦承自己的言行失當而造成你的尷尬，但到目前為止，你的親密伴侶會感覺自己被過度批判而隔離封閉起來，讓你無路可進。此時此刻，請立即出示這張字卡。當口頭言論已讓你抓狂，這下你終於見識到字卡的文字訊息可以如何讓你安然跨越關卡。

62

「你的行爲讓我感到威脅感。我跟你說的目的不是要讓你難受，而是想和你在一起的時候，重新感到安全。」

讓我們來看看可能造成「威脅感」的前因後果。無預警走近伴侶身邊時忽然聽到他們對著不知名的線上橋牌搭檔稱呼「親愛的」。在針對「檢視我們的開支花費」進行溝通後，看到信用卡帳單赫然有高達一千八百美元的吉他裝備費，頓覺心驚膽顫。你以為伴侶應該在上午八點前就從修繕建材零售商那裡把訂購的東西載回來準備進行安排好的維修工程，可你卻發現他還在床上呼呼大睡，這真的嚇壞你了。當你們家青春期孩子比預定的夜歸時限晚了十二分鐘到家，你的伴侶宛若聯邦調查局人員嚴格拷問的態勢，讓你備感威脅與不安。

讓我們實話實說吧。你內在的某部分恨不得讓伴侶知道你心中有多懊惱，其實你真的想讓他們為此難過。不是嗎？因為你終其一生都在經驗這樣的模式：當別人期待你調整或改變時，他們使用的手法就是讓你感覺難過，尤其當你的害怕與威脅已危及他們的安全感……這是世界運作的模式。

這麼說吧，上述所提的例子或許都是令你感覺威脅不安的「好理由」。不過，請你同時也自我觀察與反省——就算你伴侶想把他自己（不是你的喔）的車子漆成沙漠米色而非一般亮白色；就算你伴侶決定比你多賞或少賞一美元小費給那位女服務員；當你們家兒子打出三分球時，即使伴侶聽起來已經很興奮但還是不符你期待中的熱情興奮；就算伴侶只不過穿了一件沾點污漬的襯衫去上班，你依舊會感覺威脅不安的。請留意，其實只要一些芝麻小事就足以讓你感覺世界崩塌，渾身不自在，而你內在又是多麼迫不及待想為難對方，讓對方也感覺不自在，以阻止他們繼續做些讓你不舒服的事。

檢視一下，看看自己是否能做到這些超乎尋常的事：站穩你的立場，純粹從你個人反應的角度出發，和你的伴侶分享到底什麼事令你憂心不安。然後，他們便能藉此進入你的世界，真心關切與檢討自己如何讓你惴惴不安，而非只顧著自保防禦，或在槍口下才不得不被迫調整作法。

63

「無論我怎麼做，對你來說，好像都不對。」

人與人之間的連結和溝通，有時真像一團亂麻般，錯綜複雜，似乎需要一個兼具耶穌、佛陀、聯合國祕書長與溝通大師等特質的人物，才能把話說對、把事做好；不過，其實有一套放諸四海皆準的公理——如果某人真的不喜歡你，那你無論怎麼用力都徒勞無功。如果某人真的很喜歡你，那你無論怎麼做都對。

當你感覺伴侶不喜歡你時，不喜歡的幅度很大，可以從消極不開槍，到絕對不肯退讓半步，不妨在這種情境下，出示這張字卡。

雖然拉爾夫與戴芮的關係還不算太糟，不過，早在那場在家舉行的非正式晚宴派對的前、後與過程中，兩人間已有些芥蒂與對彼此的不滿。他們為了邀請名單、為了用餐地點該在室內或戶外而爭論不休，還有，背景音樂要挑爵士女伶艾拉·費茲潔拉（Ella Fitzgerald）或鋼琴家喬治·溫斯頓（George Winston）的清新琴聲？水果沙拉有沒有必要搭配草莓脆餅？兩人各有各的意見與堅持。派對結束後，戴芮指責拉爾夫對他們邀請的新鄰居過度獻殷勤了。

「你根本就太晦太無微不至了，」戴芮說，「你完全沒注意到露絲，自從她丈夫離開之後，你不覺得她比誰都需要更多關心嗎？看你像花蝴蝶一樣全場跑，努力吸引眾人目光，我真的看不下去。」

一開始，拉爾夫對妻子的指控有些錯愕，沉靜下來後，他若有所思，謹慎回答：「你知道嗎，你說的這些話，很難聽得進去，但我可以理解你說的某些東西。坦白講，我想我確實花很多時間和新鄰居講話，因為他們準備要找個新的會計師，而我想要把握這個生意機會。我可能真的太奉承和遷就他們。」

戴芮回答：「你是因為想和我一樣『不防不擋』來獲得肯定，所以才會這麼說吧。我不覺得你真的明白我的意思。」

拉爾夫確實是我的個案，這也是真的故事。如果是三年前的拉爾夫，休想他會承認妻子的觀察是正確的。如果是一年前的拉爾夫，肯定會被妻子的片面之詞冒犯，而恨意難消。但兩個月前的拉爾夫，他走出教室，轉身回來時，手上舉起了這張字卡：「無論我怎麼做，對你來說，好像都不對。」他為自己做了一件對的事，面對忽視他優點的人，他拒絕和他們繼續打交道。這下，毫不意外，他的妻子恍然「大悟」了，而且開始對他更用心用情了。

情境6

澄清解釋

這組字卡是為了關係疏離、冷漠敵意而急需排解危機的伴侶關係所設計，此時的你，傾向用理性來解決張力與焦慮，而非與你心愛的人建立關係。縱使這些尖銳的矛盾令人百般難受，但也就是這樣的時刻，讓你有機會去檢視內在最深的恐懼，也把你當下最擔心的恐懼告訴你伴侶。

話是這麼說，但或許這也是個發現你伴侶「雙重版本」的好時機——真實的版本，和你腦袋裡的版本。你該如何選？（是否開放這兩個選項給你伴侶？你得考慮一下）

為什麼讓自己憂心忡忡？老是擔心你的伴侶是否處心積慮想要離開你、或沒有真正尊重你，或擔心對方已被激怒得覆水難收，或對你不斷苦求的事一無所知，甚至可能更慘——對你們之間的問題完全無頭緒、茫然無知。

任何關係，只要歷經大約兩百五十小時的嚴格實況測試，一定大有斬獲。提出尖銳的問題未必沒有好處，其中一個優勢是，你的伴侶不得不為他們所造成的低氣壓負起真正的責任。有時候，這些提問可能戳破對方虛張聲勢的假象。

寫這本書的起因與目的很多——也有人或許對「文字字卡可深化關係」的想法

嗤之以鼻——但事實上，大部分「關係」都與你生活中所扮演的角色緊密相連，和「伴侶是誰」，尤其是你腦袋裡的伴侶，倒沒什麼關係。我希望本書的字卡，尤其這一組的系列內容，能幫助你跳過那位「活在你腦袋裡、令你沮喪的愛人」，多多留意你眼前的人，對他或她保持興趣。

64

「當你用這樣的方式對我時，我感覺你好像不尊重我。真的是這樣嗎？」

如果我們所重視的人對我們說話的方式與態度，好像我們愚蠢至極或一無是處，好像我們是個卑微或無法忍受的討厭鬼，這樣的互動充滿對一個人的貶抑與藐視。有些時候，對方會因一件小事而怒不可遏，對我們厲聲吼叫，或對我們說的話不以為然，白眼翻到後背去，或當我們想要開始對話時，一轉身就拂袖而去。或兩人明明已經躺在床上了，卻因某個誤解或做愛過程中處理不當的引導，而拒絕進一步溝通與交流（有時候看著對方寧可耽溺於「被冒犯的感覺」中也不願努力恢復雙方的連結，那真的感覺不受尊重）。不過，如果你因此而自慚形穢到不願直視你的伴侶，甚至拒絕把以上所說的這些感受，一五一十地如實告訴對方，那才是對你最情何以堪的啃噬與折磨。如果那位善於羞辱你的伴侶對你毫不尊重，請你勇敢盯著對方的眼睛，贏回你的尊嚴，和伴侶直球對決，直言不諱要求對方要為自己欠缺基本的尊重，負起全責。「直接告訴我吧，老兄，如果你真的不尊重我，明白講好了，不用拐彎抹角卻又把你自以為是的優越感和輕蔑都表露無遺。」

與這張字卡緊密合作，讓它為你代言，可以幫助你重新找回尊嚴，因為你是個勇於傳達自尊自重的人，不怕把尊重的議題開放雙方討論。除此以外，更重要的是最後一句「真的是這樣嗎」。這句簡潔單純的提問，充滿力量。

如果有個人只求探問真相，如此耿直勇敢，就算你愛不下去，但你怎麼可能不對他肅然起敬呢？

65

「你說的這些話，聽起來好像要結束我們這段關係。那是你的本意嗎？」

一如上一張字卡所示，你的伴侶真的尊敬你了——這其實是個有點「微妙」的概念與起始——更別說當他看你今早如何處理園藝事務時，還是打從心底覺得你孺子不可教，實在不確定對方是否還能真正對你心懷敬意。不過，把你們之間的問題攤在陽光下討論是一回事，但你的伴侶是否考慮要結束你們的關係，則又是澈底另一回事了。尤其你們的狀況若已勢不兩立到白熱化，加上伴侶已脫口說出類似的話：「我不知道我還能忍多久」，或心灰意冷地說：「我以為我們之間的差異算不得什麼，但我想我錯估形勢了。」我不曉得你先聽到的，是最抽象的訊息或最明確的內容，無論如何，這些話語背後的暗示呼之欲出，任何人都會自然聽出這段關係已危機四伏，你內在的某部分開始惶恐不安了。

就算這本書再好，請恕我直言，當鐵達尼號沉入海底的危急時刻，你第一個念頭大概不會是抓起這本書就逃。但現在請在心裡記下本書副標的關鍵字，「瞬間修復關係」與專為緊急時刻而設計的目的。當你擔心伴侶正考慮要跳海逃生時，你嘴裡喊出來的話恐怕沒什麼用（我的天啊！你以為這對我是個好玩的野餐行程嗎）；既然你的伴侶有高達百分之九十七的可能性不會真的想要結束這段關係，那何不對伴侶坦誠直言，讓對方知道你不會在這種欠缺安全感、充滿情緒操控的空間下與對方互動？這麼一來，如果對方真的打算讓這段關係走到盡頭，那就事不宜遲，當下就把心裡的想法說清楚、講明白，省得彼此為難，也讓你可以適時阻止他們繼續折磨你。

你的伴侶或許就像那個哭喊著「真希望你死掉」的孩子，不知所措又難以負荷。如果你麻木無感到無法理解對方在這段關係中所承受的苦楚與壓力，那就去鐵達尼號上把這張字卡找出來吧！

66

「我要怎麼說才能讓你覺得被理解呢？」

挑個令你曾經感覺無法和心愛伴侶好好溝通的事件，在那過程中，你恨不得讓對方明白，從你的角度來看一切再簡單不過，但對方卻始終會意不過來。舉幾個例子說明：「我只是想辦法要讓你理解我們做愛時有些地方好像不太順，但你一聽就沮喪，然後就覺得一切都是我的問題，怪我不夠投入……我覺得你關閉了我們親密關係的一扇門。我很希望在那些親密的時刻，如果我們可以放緩放慢，讓情感重新連結，彼此都能投入一種振奮的狀態，那會讓我很快樂。」

或許對你來說，這些聽起來真的是小菜一碟，簡單不過，但從你的伴侶的角度來理解，那可能就像參加連續兩週的人際關係研討會，壓力很大。他們通常會如此回應你：「如果你根本就不想和我做愛，說這些有什麼意義？」或「我問你要怎麼做才能讓你感覺更舒服，我就認真照做，結果咧，你差一點就睡著了！」或「每一件事都要淋漓盡致到死去活來嗎？所以現在是怎樣？我們的性生活很糟糕就對了……不要管這些了，好嗎？」

可以想見你們之間的關係緊繃，而你也努力了一段時間，但成效並不顯著，尤其當你伴侶搖頭嘆氣並問你：「好吧，我到底要怎麼說才能讓你覺得被理解呢？」立意甚佳，也值得嘉獎；但是，聽一下他們語氣背後欲蓋彌彰的隱隱怒意，沒有說出口但不言而喻的是「這下應該夠了吧」。他們似乎允諾會努力給你一個更好的體驗。如我之前所述，當我們緊繃不放鬆時，我們的語氣與聲調很難悅耳動聽，那種出言不遜的態勢，聽著就不舒服。

現在，換個情境，想像你伴侶什麼也不說，就只是舉起這張字卡，最好臉上神情親切。此時無聲勝有聲，不要讓怪裡怪氣的聲調擾亂字卡的內容。你也不要多做揣測，懷疑「他們只想要我閉嘴吧」，也不要承受莫須有的壓力而期待一個面面俱到的完美答案。

我能不能先告訴你通常會有什麼後果？接收字卡的一方，因為舉卡伴侶願意用心理解而深感被愛，接收者甚至根本不需要去釐清他們原來被誤解的溝通。好好感受這段轉折的過程與結果。無比深刻，真的。

67

「告訴我，我現在是不是按著你需要的方式回應你？」

貝喜試著告訴丈夫奈特，前幾晚當她心情不好時，其實她只是需要一些空間來向丈夫吐一下苦水、聊聊她心中的鬱悶。貝喜的同事遭遇嚴重車禍，辦公室人手不足加重她工作的負荷量，另一方面，她又因為姊姊一直沒有回覆電郵而有些心煩意亂，然後，她當時實在很希望奈特可以把自己吃完零食的盤子從書房放回廚房去。

貝喜說這番話的重點是，當奈特以「強化自信的激勵講師身分」來回應妻子的鬱悶時，讓貝喜很惱怒。奈特信誓旦旦直指妻子真正的問題，無論職場上的力有未逮，與姊姊的關係緊張以及和前夫的問題，根本就是長久以來無能建立界線的問題。為了澈底解決問題，奈特準備和妻子來進行情境設定和玩個角色扮演，好讓貝喜能莊敬自強，「為自己挺身而出」。

現在，我們來跟進這對夫妻後續的互動，此時，奈特努力成為比較理想的聆聽者。「嗯，好，那讓我們倒帶回到上禮拜四晚上。你不想聽任何建議，或者你其實想要一點建議就好？我確實大意，沒有把碗盤收好。我答應你，寶貝，我會成為一個更棒的清潔人員。啊，我想或許我不了解柯莉娜不在辦公室這件事對你的影響有多大。」等等。

坦白說，貝喜的「界線感」確實有待加強，包括她與奈特之間的關係，其實也陷入僵局。即使奈特努力想重新修復，卻總感覺有些不對勁。其實夫妻倆都有力不從心的感覺。慶幸的是，奈特先提問了：「告訴我，我現在是不是按著你需要的方式回應你？」

貝喜回答：「你沒有做到。」奈特告訴妻子：「請你多告訴我一些。」貝喜說：「如果你只告訴我『你上週四晚沒有感受到我的支持，我完全可以理解了』，那我會覺得自己深深被愛。」奈特完全進入狀況，打鐵趁熱地回應妻子：「你上週四晚沒有感受到我的支持，你幾分鐘前告訴我沒有滿足你的需求，我完全可以理解了。」這段練習溝通的真實個案多麼鼓舞人心，也成了催生這張字卡的靈感。

68

「你現在有聊聊的空間嗎？」

簡潔明確、保持尊重、效果甚佳、保留餘裕而不咄咄逼人。

如果現在閱讀本文的你，是比較渴望解決雙方張力的一方，那這張字卡可能扭轉你的人生。我之所以膽敢做出這番激情宣言，是因為我打賭你那位善於保持疏離的伴侶，不太期待你會尊重他們的界線，尤其你又那麼渴望彼此親近。但其實他們期待你開誠布公來談談這些問題，提出要求、表達依附感、不厭其煩地重複說明，表現得彷彿他們「把你丟包到阿拉斯加浮冰」這件事，跟他們沒有任何關係，對，人不是他們丟的。

讓我們這麼看吧：這張字卡其實蘊含一個彼此心照不宣的「延伸訊息」：「我知道如果不事先詢問你就直接和你開口討論，結果可想而知，要麼自討沒趣，要麼冒犯了你。」如此一來，接收的一方——自認為需要界線但不認為自己是剝奪親密關係的人——他們會感覺被充分理解而釋然。對閱讀本文的許多人來說，就這麼樣多轉個圈，一切海闊天空，真是個皆大歡喜的待人之道。

我重視這件事，不是因為我覺得你的界線觀念很模糊，我只是懷疑大部分人普遍都缺乏這方面的意識。小時候的我們，幾乎都曾體驗過自己的領域或多或少被侵犯的經歷。當然，我們一般不會聽到有人這樣問我們：「烘衣機裡的衣服要收、要摺了。你覺得現在是不是做這件家事的好時機？」或「你的頭髮比平時都還要長。你要去剪一剪或繼續留長髮？」或「有件事我一直想和你談。你現在有聊一聊的空間嗎？」

69

「你看起來很尖銳／防衛／被激怒，我覺得無論怎麼做、怎麼說都好像無法安撫你。這是你真正想要的嗎？」

回首一下第54張字卡，我曾提過：「沒有所謂『和另一個人交往』這件事。你充其量只是在另一個人的『能量場』內和你自己的內在交往（建立關係）。」這張字卡幫助你把這原則對你伴侶說清楚、講明白。

當我們小心翼翼地回應伴侶的憤怒、頹喪或捍衛時，我們其實是與自己的「內在」對抗，換句話說，我們違背自己。或許我們會覺得，如履薄冰的關係對許多伴侶而言，已是常態現象；但如果深入想想，被迫這麼互動的伴侶關係，其實滿可悲的。

這張字卡把「意識與潛意識」關係最核心的維護問題，搬到檯面上。你問一問伴侶：「你真的要我『背叛自己』來『忠於你』嗎？」

如果要你把靈魂託付給一個連自我安頓都還做不好卻還冀望你去安撫他們、不可把他們置於道德兩難的人，那聽起來或許感覺有違常理與本性。不過，不妨這麼想：請你伴侶想清楚，他們是否真的要你為了他們而讓自己隱身消失？這其實是邀請他們走出自我保護的框架，警覺那個體諒與顧慮他人的自己，一直都在。

70

「我完全明白你爲什麼對我惱怒，但能不能給我一些訊號，確認一下我們還是朋友？」

顯然你知道自己做了什麼惹怒別人的事，所以才會出示這張字卡。比方說，你做了明確答應人家不再犯的事（譬如：以超高的價格購入華麗不俗的地毯、帶著體重超標的孩子吃麥當勞午餐、洩漏一些令你伴侶尷尬的內幕）；或沒有去做你承諾要做的事（譬如：為孩子生死存亡的學校作業購買文具、探視你的岳母、回電給財務規劃師處理一些緊急事務）。或許因為你舉起第68張字卡「你現在有聊聊的空間嗎？」而惹怒了伴侶，當對方斬釘截鐵回絕你時，你不管對方的拒絕，執意說出自己的想法。

我特別喜歡這張字卡，因為我整個成年期的生活都不斷在探索這些問題：你如何在更大的同理與包容中任由關係撕裂與緊張？不過，送出這訊息的一方也需要去平衡三件事：⑴與生俱來的自我價值使我們理解，即使焦躁惱怒的人也值得被愛；⑵與生俱來的焦慮感使我們理解，人非聖賢、孰能無過，不要輕易忘記就好；⑶接收者會生氣，是合情合理的反應，至少暫時抓狂一下。我的重點提示是，不要因為你無法忍受對方的惱怒而迅速舉字卡。這會讓生氣的一方為了讓你安心而不得不倉促放下個人的感受。給他們一些時間生你的氣吧。

當你真覺得你當下的不舒服已達普遍極限了，那才是亮出字卡的好時機。不要因為擔心自己可能犯了什麼辜負他人好意的大錯而出示字卡。唯有當你真心誠意相信你是值得對方深交的摯友，那麼，儘管你偶爾輕忽大意、不夠主動或怪裡怪氣，就直接舉字卡示意吧！

71

「如果你能把我想表達的意思重述和確認，這對我意義非凡。」

如果說，我們都熱切渴望身邊伴侶能好好聆聽我們說話，我很好奇的是，為什麼我們很少和對方確認這些話是否都放在心上？彼此的溝通是否到位？

當然，你大可口頭要求伴侶對你重述，看看他們是否掌握你希望他們明白的意思。但遺憾的是，口頭的要求經常很容易被解讀為某種「指令」或批評，或干擾原本順暢的互動過程（即使大家心照不宣，雙方的互動過程早已不怎麼順暢）。事實上，透過文字訊息傳遞訴求，更能表明嚴肅的內容與目的。根據字卡使用者的回報，他們感覺更受尊重，而接收的一方也覺得自己有必要回應伴侶的需求，而不是被迫做些事來彌補稍早前不符標準的聆聽態度。接收者幾乎都會欣然回應，圓滿收場。

珍娜與馬森一起參加伴侶溝通工作坊，馬森提及每一次聽到珍娜要求他重述「剛剛聽到的話」時，他都百般不願，「感覺很造作。」馬森的不滿與抱怨，無可厚非。心不甘情不願的不止他一人，但如果繼續追問下去，抱怨的伴侶一般也都認同，「造作」還是比「防衛」或「困惑混亂」好得多了。

這對夫妻正面臨一個棘手難題，雙方的對話因想法分歧而停滯不前，是否領養一個和夫妻倆截然不同的非白人小孩。渴望想要孩子的珍娜不介意孩子的種族與膚色，很不願意為了顧慮丈夫的堅持而限制他們的選擇。一想到他們走過那麼多年又毫無成效的不孕症療程，四十一歲的珍娜很不耐煩，覺得沒有太多討論的必要，甚至對馬森在她「為母夢想」的途中又設置了「多一個障礙」而憤憤不平。

當馬森舉起這張字卡時，「如果你能把我想表達的意思重述和確認，這對我意義非凡」，這下珍娜更困惑不解了。馬森知道自己其實根本不在意妻子是否鸚鵡學舌般重述他的想法。他舉字卡的目的，是希望珍娜能理解，除了同理與同情之外，他們之間是兩個不同的個體。

情境7

誠心道歉

七〇年代風靡一時的愛情電影《愛的故事》（*Love Story*）*裡有句家喻戶曉的經典台詞：「愛到深處無怨尤」，那是我成長那個年代奉為圭臬的名言。多年來我漫不經心地多番引用這句話，這下要書寫這組字卡的引言時，正是個千載難逢的好機會，考驗我是否真心相信這句名言。我私下對不少人做了個調查，大家對這句話的觀點，似乎和我的丈夫所見略同，他簡短有力地說：「那是句廢話。」

我的丈夫是個言出必行的人，說實話，每一次當他開口道歉時，總能讓我特別窩心感動，也深感被愛。雖然這些都是美好的厚禮，但我倒也不因此而殷切期待，甚至因為丈夫造成我某種程度的痛苦而覺得自己理當領受對方的誠懇道歉。我欣賞真心誠意的道歉，也滿心感謝，因為它傳達一份既脆弱又願意承擔責任的心態——我深感被愛，因為我的男人願意放下自尊，坦然承認自己不光彩的一面。最終，我竟收穫了比被愛更美好的東西，我愛上了一個令我心存敬意的男人。

這一組的系列字卡提供十一個機會給你和你的伴侶，把你們之間那些粗糙瑣碎、尖酸刻薄、充滿傷害或就是粗心大意的磕磕絆絆，都化為充滿敬意的時刻。重新思索一下電影《愛的故事》的台詞，或許這句話多少暗示了一種觀點——所謂真愛，意謂著相信你所愛的人早在他們口頭表達悔恨之前，已為自己造成你的痛苦而懊悔不已。因此，道不道歉，不過是重複表達，也無關緊要了。不過，對我來說，伴侶之間的愛，不是以需不需要道歉來強調；而那些努力讓彼此的關係無礙、無芥蒂的伴侶，他們的真愛總能茁壯成長，因此有時候真的需要文字。

＊這部電影分別由艾莉・麥克勞（Ali McGraw）與雷恩・歐尼爾（Ryan O'Neal）擔綱男女主角，講述發生在哈佛校園內的愛情故事。

72

「對不起。」

我發現，口頭說句「對不起」，比精簡甜蜜的「我愛你」更能拖垮已經困難重重的互動，讓關係陷入泥淖。或許因為「對不起」太普遍，不假思索便脫口而出。在路上不小心和陌生人擦撞，在提款機的隊伍前不小心領先了別人，打錯電話了，和另一個購物夥伴伸手拿取同一包波特洋菇，因為說得漫不經心而少了一份「深刻有力」的重量。

雖然我的研究還不夠廣泛深入，但相對來說，口頭上說出「我愛你」，已證實是更受大眾歡迎與感人暖心的表達，但若在爭論過程中以文字書寫「我愛你」則給人一種疲弱無力、敷衍安撫或試圖終止衝突的手段而已。從另一個角度來看，一張「對不起」的字卡，則能中斷人與人之間惺惺作態的虛情假意。

這是我的猜測，因為當你傷害或冒犯了你的伴侶，他們想知道你是否為此而感覺難受不安。在這樣的時刻，你的伴侶大概不需要知道你有多愛他或她，他們介意的是你是否在乎自己的所言所行？你是否知道自己做不到的事對他們的衝擊有多大？

就算你要翻找一段時間才好不容易找到這張字卡，也不用擔心，反正就要慢慢來，所以也不急。用心找出字卡，安安靜靜地舉字卡出示「對不起」，這一連串的行動，多少蘊含一股懺悔的況味。事實上，如果你和大多數人面對道歉的心態一樣，那你的第一反應是亟欲向伴侶說明，他們若能理解事件背後更完整的脈絡，理解你的動機或當時水星逆行惹的禍，那麼，他們的觀點與角度會截然不同。在此情境下，這張字卡身負雙重任務，對之前的惱怒表達歉意，同時也坦承自己的道歉姍姍來遲，真不該。

73

「我知道我真的傷害了你。我要怎麼做才能讓你重新信任我？」

請留意，這張字卡沒有說「我該怎麼做才能彌補這一切？」或「我該怎麼做才能減輕痛苦？」因為當你的伴侶真的傷害了你，最急需修復的是已然破碎不堪的信任感。我們心中都內化了一份根深柢固的想望——但願愛我們的人永遠不會傷害我們。當舉字卡的一方提出信任的需求時，接牌的伴侶會因對方理解事情的嚴重性而願意考慮你的提問與需求。

不過，如果你犯的是逾越道德底線的毀滅性傷害，譬如出軌、財務問題與其他重大的道德瑕疵等問題，就不適用這張字卡了。深陷這些風暴中的關係，最重要是意識到信任感的重建，需要用心費時。於是，舉字卡者要求伴侶幫忙規劃一份「信任大計」，由此可見發牌者已認清事實。撇開極端的特殊案例不說，大多數伴侶輕而易舉就彼此傷害，一個禮拜好幾次呢！一般來說，「感覺不被你所重視的人真正接納」和「受傷」之間，息息相關。

約拿單走進浴室時，凱莉正在刷牙。凱莉從鏡子裡凝視丈夫，深情一望，而約拿單不曉得哪根筋不對，竟錯過妻子的浪漫邀約，開起了老婆大人的玩笑：「又在顧影自憐啊？真是自戀啊！」凱莉被澆了冷水，一言不發，臉一沉，約拿單則滿頭霧水，不過就是個俏皮話，哪來這些負面反效果啊。雙方提高音量對話了二十分鐘後，約拿單抓起保命的第73張字卡，對妻子伸出橄欖枝。凱莉這才稍感舒心，她說：「你一開始就沒有看到我想和你眼神交流的期待，這讓我感覺很受傷。我們可以重新回到鏡子前嗎？我想從鏡子裡再看你一次，這一次，我只要你用微笑來回應我，但不要說出自以為是的話。」

你或許覺得這個例子太微不足道了，不需要大動干戈來重建信任。然而，撕毀信任感的起點，通常無關乎事件內容。在上述個案中，約拿單顯然觸動了凱莉渴望情感連結的舊傷，讓凱莉的期待落空。說來你或許難以想像，重建信任最有效的方法是——重來一次。

74

「我知道我說的話很傷。我真的沒那個意思，也願意付出任何代價來收回這些話。」

我們不喜歡把自己想成是個尖銳刻薄的人。我們比較希望把自己所說的那些殺傷力的話歸咎於我們「為人坦率」或我們「實話實說」，聽起來好多了。不過，話說回來，我們其實都具備「說話刻薄」的能力，那些惡言惡語傷害我們的伴侶，也危害我們的關係。有些話，就是不該說。譬如：

「如果你的上司知道你在家的樣子，他一定不會僱你當員工。」「我要怎麼相信你會堅持完成這個重大的房子整修工程？你看看自己是怎麼使用那張健身房的會員卡，你堅持多久了？」或更刺痛的酸言酸語：「我如果早知道你的體重會多增加十八公斤（或不夠積極上進），我不確定自己是不是還會和你結婚！」或「我總感覺我們不是很匹配。」或「我從來沒想過自己怎麼會和一個在性生活上那麼保守無趣的人在一起。」」

這些言論背後或許是部分或片面的真相，也可能是發自內心的失望讓人克制不了這些冷嘲熱諷。但如果你真心關切你的伴侶和在意這段關係的本質，你理當能承認，這其中不外乎一個主要的觀點——當你覺得自己不過「實話實說」時，其實你終究比較在乎自己。

75

「對不起，我一直表現得好像都是你的錯。」

幾年前，一位女士開了超過一百六十公里的車程，不辭辛勞來接受我的諮商，只因為有人高度推薦我，而她急切想要「最好」的答案。她說自己需要「危機諮商」，而她所面臨的危機事件是她確信自己的丈夫和一個叫托比的女性發生了「情感上的出軌」，她發現丈夫定期透過每日線上互動的教育網站給對方發電子郵件。

經過幾次諮商約談，我告訴她：「這麼說吧，真正在背後隱藏祕密生活的人，其實是你，每週偷偷來這裡當告密者。你該和丈夫好好談談了。」

幾天以後，她打電話給我。「我和傑克談過了，他大吃一驚。他指證歷歷，說我是如何搬到客房和我們家的貓巴菲同床共眠。他還說『情感出軌的人是你吧！我根本比不上我們家的巴菲』。」這下真相大白了，但這位女士一心尋求「最好答案」與成為「最好的人」還是讓她難以相信，丈夫竟堅持要繼續接受這位資深交易員托比的指導，而且仍舊選擇要她。最後，水落石出，原來托比是個男性啊，而且丈夫不是同性戀者。結論昭然若揭，這位女士一直以來擔心丈夫對托比的浪漫追求，原來只是莫須有的投射。

這不是我編造的。這位個案是人見人愛的社工師，溝通能力無礙，她只是壓根兒沒想過要提到和貓咪巴菲「同居」這件事。她只「知道」她快要失去丈夫了。這是個極端的例子，但請你注意，當你們的關係出現問題時，很少有人會問自己：「我是怎麼和伴侶共同製造出這些問題的？」

這張字卡特別適用於你對伴侶長久以來令你不滿的情境——對方和你保持的距離；你們的青少年孩子頭痛的行為；度假的安排非常糟糕；要麼做愛次數太少，不然就是獨處時間不夠；或管他什麼問題啦，總之都是對方「先開始」的。

想像一下如果你們能一起承擔責任，無怨無悔，那樣的人生多美好啊！

76

「我為自己跟你說話的方式感到愧疚。」

在適當的情境下，這張字卡所傳遞的內容，遠比耳熟能詳又強大的那句「對不起」，還要充滿力道。這真是個好實例，說明一個人坦承自己的脆弱缺陷後，如何逆轉為感人肺腑的情書。與你的脆弱和平共處，可以深化與考驗你與伴侶之間的關係。有時候我會隨興所至，為這張字卡附加第二句話：「我為自己跟你說話的方式感到愧疚。真不該這樣對你。」讓你的伴侶體會你因錯待他們而愧疚，這份心意，對伴侶而言，已是幾近完美的認可了。

我喜歡隨機應變的概念，舉字卡的一方可以依照當下的情境與需求見機行事，可能的話，加上幾句類似的文字：「對不起」或「真不該這樣對你」……或不加也可以。

你的伴侶並非「需要」你為了修補裂痕而愧疚。他們只是需要知道，你有多想讓他們認識最真實的你。

77

「拜託你，可以原諒我嗎？」

以「原諒」作為論述基礎的「霍夫曼四重進程」（*Hoffman Quadrinity Process*），堪稱全球最受推崇與屹立不搖的成長培訓課；原諒，不僅是所有宗教的核心基礎之一，也成為世人對精神與心靈追求的主要目標。這個被譽為奇蹟的課程，吸引成千上萬的參與者，定期赴會，竭盡所能學習原諒他們的雙親，再回頭繼續他們的生活。而這套在全球已被譯成不同語言、售出近兩百萬冊的《奇蹟課程》（*A Course in Miracles*）主張，所有人活在世上的唯一職責，就是去原諒任何觸擊我們生命痛處的人，那是自我療癒的唯一出路。十二步驟的課程中，強調與他人修復關係，以及自我寬恕。大多數的伴侶諮商師都同意，要幫助一對伴侶戰勝婚外情問題，被背叛的一方不只需要原諒出軌的伴侶，很多時候，還需要承認在背叛事件中，自己是否也該負起部份責任。

我這麼說是要你寬心，無須擔心自己最終是否該被原諒。你當然值得原諒。但從這本書的宗旨與這張字卡的意義來說，問題是在於：何時被原諒？

給出一張這樣的文字訊息，其實就像履行神聖的宗教行為，如果你渴望被原諒的動機只是為了擺脫伴侶苛責的壓力，那你提出這樣的要求，就算不是操縱，也幾乎等同褻瀆神明。出示這張字卡的前提，是你確實犯了大錯，傷透了伴侶的心，而且真心讓你的伴侶可以表達他們的感受，包括其他新仇舊恨。而今你發自內心深處，對自己的所作所為，悔恨交加。

換句話說，催促你使用這張字卡的關鍵變數，不是因為你的伴侶不肯原諒；而是你的伴侶不肯原諒「再加上」你的懊悔如此誠心誠意，以致你真的相信自己值得伴侶的原諒。別作弊喔。

78

「雖然我像個瘋子一直和你爭辯，但現在我明白了，你的觀點確實比較合理。」

我的朋友羅貝妲，是個室內設計師，她和我分享自己的親身經歷：「二十五年前，當我們買下第一棟房子時，我興奮得不得了，因為我終於找到『夢想好宅』，我在外面用餐時就迫不及待聯繫我丈夫，直接把他帶到目的地去看房。那房子的格局真的太棒了，挑高的客廳，廚房有建商原始標配附上的麵包烘烤機，三樓的臥室和浴室也很優，而且價格比我們的預算少了三萬美元，物超所值啊！我看得出他也很喜歡那房子，但卻堅持我們不可能買下房子。他一直對我說，『你不知道嗎？我們不該買邊間的房子啦！』連續三天，這個向來很有彈性的男人，忽然變得不可撼動，一會兒挑剔噪音干擾、水管問題，一會兒又質疑轉售的價格恐怕不好，連交通路向可能是挪威鮭魚的遷徙軌跡這種說法都扯出來了。反正我聽起來都是毫不相干的一堆理由。我不止一次對他發脾氣，最後終於忍無可忍問他說，『你到底是哪來的這些意見啊？不買邊間屋？』」

她丈夫李歐，理直氣壯回答：「我爸爸。他過去常常這麼說啊。」羅貝妲告訴我：「我公公是個建商，所以他對房子是有些概念，但他也是那種『堅持人造衛星是騙局』的人，拒絕接受救命的藥物，還會要求八歲的李歐把每一季的零用錢完整記錄起來，連一分一毫都不可放過。總之，我永遠也不可能向這樣的人尋求意見的。」

一般來說，當我們像個瘋子般為自己的立場爭辯不休時，那正是我們理由站不住腳、又強詞奪理的時候。這是李歐的狀況，一如我們常有的表現，寧可妥協自己的想法，而選擇認同父親的觀點。我多年來對羅貝妲與李歐的觀察中發現，他們其實可以多次輪流使用這張字卡。我們亦然，包括你和你的伴侶，我和我的伴侶。

79

「我覺得很抱歉，我把瑣碎小事放大，太小題大作了！」

事實上，我們當然也可以慎重處理重要大事——該舉家搬到西雅圖嗎？決定和你弟弟面對面談他的大麻成癮問題？要不要嘗試體外受精？如果我們談的是態度問題，譬如歇斯底里、倉促下結論、把每一件事都搞成災難或沒底線的虛張聲勢，那我建議你出示第41張字卡：「我知道我反應過度了。你可以給我幾分鐘讓我恢復理智嗎？」

當我設計這張字卡時，我承認我忘了這張內容和第13張字卡很類似：「我把微不足道的小事當成大事來處理。我會放手，不該管了。」但幾經深思熟慮後，我把兩張內容整合在內，理由是：之前的字卡是歸類到第一組的情境「轉換氣氛」，而「我會放手」也暗示發牌者準備回報與處理一些事。還沒完成，但已上路。請留意，後續發展恐怕不若預期。接收字卡的一方還沒完全擺脫困境。

比較兩張字卡，你會看到這張和「道歉」系列較有關聯。也許你心有所感而出示了這張字卡，多半是因為伴侶一些不算什麼性格瑕疵的問題而被你責難：當你要求他們幫你跑腿辦事，或請他們把汽車保險單據從桌上的A點移到B點時，他們的回應「不夠欣然奔赴」；當你在細細研究甜點菜單時他們問「你真的需要這些？」他們讓你感覺不太舒服，所以你現在想讓他們因為惹怒你而自慚形穢。大部分情況下，這些心理轉折的過程是無意識、不知不覺中發生的。看似無傷大雅，但卻可能釀成戰爭，後患無窮。

這張字卡把缺陷歸位得當。你有意識地知道自己有難辭其咎之處，於是，決定放你伴侶一馬，讓他們不再飽受自責之苦。這可是大師的頓悟與氣度啊！讓人與事都適得其所，那才是通往世界和平的正路。

80

「你不知道我有多麼後悔選擇了這麼做。我真的很抱歉。」

多年前，我差點和我隔壁大樓辦公室的一位男士訂婚。某個天寒地凍的一月晚上，我和一位患有嚴重憂鬱症傾向的個案有約，個案的情況忽然急轉直下而需要緊急協談。我衝到辦公室地下室時，為了不讓個案等太久，我承認自己一時情急而把車子停在靠近殘障車位旁。等我結束工作來到停車場時，已是晚上九點，我在攝氏負十一度的低溫夜晚，發現兩個輪胎被割破，擋風玻璃上有張殘障人士留給我的字條，咒罵的穢語，不堪入目。我記得自己和剛剛才道別的個案一樣心灰意冷，一顆心沉到谷底，難忍發生在自己身上的暴力襲擊而跑到隔壁男友的辦公室裡，放聲大哭。

「你是怎麼了？」他開始了一連串的提問。「你知道自己不該把車子停在殘障車位吧？」我惱怒不已，刻意以標準答案回他：「是的，我知道自己不該把車子停在殘障車位。但在你跟我說這些屁話之前，你至少要先安撫我說：『我現在要衝到街上找到那個留言的混蛋，讓他知道你剛剛是去救人一命啊，然後再狠狠揍他一頓。』」我當然是開玩笑（其實半真半假），但我想讓他看到的是，在那樣的關鍵時刻中，我們兩人都走錯了方向。我們都搞砸了。你的伴侶告訴你他們的老闆多麼不可理喻，而你卻輕率無禮對你伴侶：「你和老闆之間的恩怨已是老問題了，顯然是你跨不過男性權威的問題在作祟，你如果不好好處理的話，這個問題不會消失的啦。」停止！回頭！在你還沒表達同情共感與情感支持之前，請不要誤導方向，提供大量意見、批評指教或甚至頒下神聖的真理，令人真假難辨與無力。就上述實例來說，那位隔壁大樓的男士，始終停留在「幾乎」成為未婚夫的「幾乎」上。由此可見，這張字卡和背後的警覺與意識，後果是如此大不同啊！

81

「我很抱歉沒能及早聽你的話。」

這張字卡，能量很大，足以讓伴侶感覺到你的認可與在乎。字卡代替你傳遞了深刻的懊悔，你悔不當初，竟讓伴侶陷入地獄般的痛苦深淵之後才終於「明白」伴侶所說的話。字卡內文不多，簡潔扼要告訴你伴侶：「很抱歉，我讓你覺得自己的意見在你重視的人面前那麼毫無意義，真不該讓你經歷這種難堪，多一分鐘都不該！」你藉著字卡承認並赫然了悟，你的伴侶想方設法使你理解的那段期間，備受多少辛酸折磨，肯定也痛苦得質疑自己，是否還能等到撥雲見日的時候。

如果有一天發生了可怕的意外，而你被活埋了，等你被救出來之後，某人眼中含淚看著你說：「很抱歉沒能及早聽你的話」，你一定心中瞭然，他們剛剛那句悔不當初的話，遠遠比這句「很抱歉花太久時間才把你救出來」還要強烈很多很多。在你獲救前，你被迫忍受深陷地底那種苦不堪言的惶恐，這是字卡背後不言而喻的意識。雖然這是個非常極端的例子，但我相信這例子頗有啟發意義。當我們傾注全力渴望和一個百般抗拒或充耳不聞的伴侶溝通時，那種無力感，其實和活埋沒什麼兩樣。假設我們的好友或同事或瑜伽老師，比我們的伴侶還能完全理解，為什麼我們需要一整天的獨處而且隻字不提我們有多愛我們的伴侶？就算是這樣，也沒關係；我們其實只需要親愛的伴侶相信我們所說的話對彼此都無比真實，看到他們一意孤行又拒人千里的姿態，仿若一把刺進我們心頭上的刀。

我原想在本書安插一張這樣的字卡：「我覺得你說的話有道理。」但我卻覺得這句話蒼白無力、不切實際。相對而言，第81張字卡感覺好得多，因為我相信我們心中真正渴望的，並非被認為有道理，而是期待有人能體會我們的苦悶，當我們的經歷無法讓所愛之人深覺有道理時。

82

「對不起，我表現得好像只有我的壓力最大。」

我偶爾會進行治療屬性的表演工作坊，我讓一名個案想像他是個三歲孩子，以想像中的積木蓋建一座高塔。我角色扮演他的A媽咪，一箭衝上前，一把抓起他的胳膊嚷嚷著叫：「快快快，我們要去奶奶家！」然後我搖身一變轉換角色為B媽咪，劇情重來，這一次她步履和緩走向兒子，說出這番話：「你真的在蓋大樓欸！真不好意思啊兒子，必須打斷你的工作，因為我不能放你一個人在這裡。我很抱歉，我明白你一定非常不想離開這裡。」只要我表達得真心誠意，工作坊中我那些超過一半的「三歲孩子」大多開始潸然淚下。好多人到這情節已低頭啜泣。許多人第一次了解到，原來和所愛之人擁有情感上不同的現實狀況是合情合理的，既不是溝通破裂的肇事者，也不是個「問題人物」。

很多人現在會自認在類似A媽咪與A爸爸所組成、功能失調的家庭中成長，但我們多數人並沒有特別凸顯「雙重現實的關係」與身分。換句話說，當你與自己以外的其他人建立關係時，是否顯露這種雙重現實的問題。外向的舞蹈老師維拉和她低調的伴侶、社會學教授馬庫斯在一個近郊大型發展區域同居。某個週日，兩人在陽台上正準備享用早午餐前，從花園割完香蔥的維拉駐足與隔壁新鄰居開始聊幾句，隨興所至便隨口邀請新鄰居到屋內和他們一起用餐。用餐後，這對伴侶展開了類似以下互動與對話：

馬庫斯：隔壁妻先生滿可愛的，但我希望你能在邀請他之前先問問我。我其實一直期待這頓飯只有我們倆。

維拉：聽你這麼說真的讓我覺得很煩很累。保持親切友好不是很好嗎？不用凡事都得「經過批准」吧？我希望你能讓我自在做自己。

馬庫斯：這跟你做自己完全沒關係啊！如果我要買一組新沙發而你不喜歡，我就不會買，但我不會指責「你不讓我做自己！」

維拉：那完全是個荒唐的對比。我們隨時可以獨處。不必困在沙發上。

馬庫斯：你沒有抓到重點。你如果先問我，會讓我覺得受尊重，但你沒問，我覺得很傷。

維拉：你也劃錯重點。我希望我的生活是可以和世界接觸的。我喜歡自由自在。不過就是對新鄰居表達一下歡迎，看到你這麼小題大作，我真的很難受。我希望你可以理解我被你設定的「條規」搞得綁手綁腳的束縛感。

這對伴侶由此事件與後續延燒的議題，而掀開了為期超過一年的戰役，最終兩人一起來接受諮商。雖然他們總能在自由與相互理解的事上找到其他妥協方式，但若要走出這僵局，關鍵在於真心在乎對方的現實處境。這張字卡可以帶頭突破，其實不需「妥協讓步」；只需常識與善意，一般便可開創令人滿意的解決出路。

情境8

表達愛

我從靈性導師善尼爾．邦德（Saniel Bonder）身上學到很多，這位同時也是《大釋懷與心靈療癒／物質分裂〔灌頂的力量〕》（*Great Relief and Healing the Mind/Matter Split*〔*Mt. Tam Empowerments*〕）的作者，曾說過一個精彩的論點：身分能給你的東西，不要期待在關係中找到。反之亦然，關係中能給你的，不要指望從身分上獲得。用一般人理解的白話文來解讀大師的話——唯有你真實的自我才可能填滿你靈魂深處的空缺，而不是整塊辣肉餡捲餅！

你應該也已經理解這一點了，「沒有所謂和另一個人交往。你充其量只是在另一個人的『能量場』內和你自己的內在交往（建立關係）。」每一位相信這觀點的人，大概已從「找自己」中結業而功成身退。在我二十幾歲時，我親身經歷過一些強大有力的靈性體驗，從中發現，愛是普世性的，不只是一對一的事，即使沒有任何人的肯定我仍能感覺自己很完整，難以置信又無比真實。我也發現自己竟能去愛一個陌生人或某個怪咖。故事很長，反正最後發生了一些事。一名優秀的編輯說我寫了一篇「非常平平無奇」的文章，聽完後，我便放棄從事新聞領域的工作；之後在靜思冥想的空間中，神奇的是，我絲毫沒有被貶抑的感覺。我隨即用三十年歲月來嘗試尋找我的內在身分，且讓這身分持續維繫下去。

這整本書講的是關係中凸顯真實身分的重要性，因此，我也想在這裡特別向你聲明：愛就是這麼如痴如狂。有些時候，除了去愛你的伴侶，你別無選擇，以這本書來說，則是要讓他們知道，你確實深愛他們。我們會擔心自己的愛是否「夠純粹」，或我們是否真的知道如何去愛。這當中難免存在風險，我們的愛與表達，在雙方的激烈衝突下，因為貧乏無力而被伴侶貼上誠意不足的標籤。但是，透過出示以下這些字卡，試著在花殘月缺的關係中，找到強化愛意的勇氣，我保證你會收獲事半功倍的成效，而且你連一個字都不必說。

83

「我現在願意爲你做任何事，只爲了讓你知道我有多愛你。」

如果你和伴侶的互動不愉快、關係緊張，請不要指望這張字卡能神奇般帶你走向童話故事的幸福美滿結局。你應該了解，就算伴侶崇拜仰慕你，也不宜編造一個「同意明晚陪你去看朋友攝影展」的情境，現在對方的記憶中似乎沒有任何承諾的約定，同時也絲毫沒有想陪你去的願望。

「我跟你說過，我覺得依蕾恩開始展示她的作品真是很了不起，」你伴侶繼續說明：「但我從來就沒說過我要去參加。我很討厭那種場合，而她是你的朋友。我可以自己下禮拜去參加那個攝影展。」

「但重點是陪我去嘛，我們除了一起看電影，還可以一起參加其他活動啊。你說你會陪我一起去的。這不是我自己編造的。」

「不，」你的伴侶斷然回應，「我說我有時間的時候會找個機會去看看，然後你想把時間訂在明晚！」這下你們倆僵持不下了。你覺得自己要的不多，而你伴侶卻表現得好像你要求太多。

然後，你伴侶轉身走出去，回來時手上多了這張字卡。出示這字卡不是要你閉嘴，而是要告訴你：我理解你很失望，不管出於什麼理由，我不能在這件事上讓步，但真正重要的，是我們之間的關係完整而不受影響。拜託，和「那些不太重要的張力」相比，請你更重視我們的愛吧！

如果你有心對伴侶慎重其事表達真愛宣言，而你的伴侶卻始終半信半疑，那顯然這張字卡不是為你們而設。這張卡的設計初衷，是為要在你們的交流互動中注入一劑善意。提醒你眼前的挫折背後，我們的關係仍穩定不受影響，而我們之間所面臨的分歧就只是分歧而已，不是什麼災難。你現在甚至可以繼續為討厭的鳥事繼續悶悶不樂，但你會發現，再怎麼烏煙瘴氣，終究不會心存怨恨。

84

「我愛你。不管現在看起來如何，我不希望我們的關係像戰場，充滿殺氣。」

對我來說，這張字卡撼動我的原因，不是因為愛的表達，亦非渴求和平的高尚情操，而是另一端的出示字卡者已搞清楚發生在我們之間的事，此時當下，對我來說是多麼不堪與厭煩。

聽到你的伴侶期待你們倆能更和睦友善，這確實令人感覺欣慰美好，但如果能讓他們理解你……嗯，比方說，你爭強好勝的一面。順便讓對方也知道，這也不是你真正想要的樣子。

其實，這是愛意滿滿的字卡。容我再提醒你，感動人心的不是伴侶的愛情宣言，而是因為他們感受到你的不滿和沒有說出口的敵意，已挫傷你的遠見，窄化你的眼界。出示字卡的一方也在近期明確感知你們之間的緊張關係，至少那態勢看起來就像逞凶鬥狠的戰士；但此舉卻能適時安撫接收的一方，使他們心裡明白，即使雙方狀況仍然糾結混亂，但你們兩人都期待雨後天晴的日子，大家都能不計前嫌，重新聚焦，懷抱同一方向的願景。

當然，並非人人都能如此圓滿，很多人的成長經驗中不乏見證父母聲嘶力竭、互相對罵的情境。嘶吼以後，很少父母會來向我們解釋：「寶貝，我知道這些衝突很糟糕。」爭執中被動的一方主動說明他們的衝突確實令人不安，這會讓你心中釋然。不是永遠不吵架，而是理解你伴侶的內在戰士，只是成熟人格中一個比較微小與幼稚的部分，而非全部。

85

「你不必自憐自艾來引起我的重視。把我當成想善待你的朋友來說話吧。」

雖然這句話不太悅耳動聽，但其實這是本書另一個隱藏版的主副標，涵蓋了關鍵的重要基調——把我當成一個你想像中愛你至深、想好好待你的人來說話。我原來有些掙扎，猶豫是否要在字卡上直指你的伴侶太虛張聲勢，後來我決定這麼表達：「你不必自憐自艾來引起我對你的重視」；當我們不相信自己的需求值得被重視時，我們一般會以大動作來提高賭注，以求被看見。看看這些例子。

哈里斯等著妻子曼荻對他長篇大論訓斥，「你是個什麼樣的爸爸啊？」哈里斯因為工作問題而食言，違背了答應要陪伴孩子的承諾。哈里斯表現得悲痛欲絕。當林娜告訴伴侶葛爾那筆維修冰箱的八百美元估價，可能可以用來購買一台全新的冰箱了，林娜表達的語氣神情，不免令人誤以為她在說服對方購入某種救命藥。露絲對伴侶羅伊提出絕佳的回饋，她希望當自己讓丈夫失望時，丈夫的表態可以多一些失望而非淡然漠視。令人莞爾的是，當露絲分享這番觀察時，她自己的表態也毫不讓人失望，倒是很像受虐婦女的哀戚。

重點就在這裡：當我們以哀怨悲傷、小題大作的方式為出發點，向父母表達需求時，一般來說，我們期待他們正視我們的焦慮，解決我們的要求。這種迂迴的手段，和直接提出訴求，截然不同，直接表達讓我們有更多時間處理其他議題、我們可以聽到更多預料之外的細節或彼此的心理動機。我真心相信，如果我們堅信自己值得被愛——無論父子時間是否臨時取消了——那些因應要求而附加的干擾要脅，其實大可不必。這張字卡向你的伴侶確保，不用虛張聲勢也可以表達需求，還額外加碼承諾，他們會發現其實你比食人怪獸可親可愛多了。

86

「我不是那個曾經傷害你的＿＿＿＿。我是現在這個深愛你的＿＿＿＿。」

有一次，我為一位再婚的四十九歲女性和她的丈夫進行伴侶諮商，這位女性以不太尋常的語言來表達她的沮喪。「我其實沒那麼憂鬱，」她對丈夫的敘述再具體明確些：「但他反應得好像我快淹死了，他不敢太靠近我免得我把他拖下海底。」諮商協談結束前十分鐘，這位女士如實回答我的例行提問，那是和她父親有關的問題。當她五歲時，在一次離奇的家庭划船意外中，父親來得及把五歲的個案和母親救起來，自己則溺水身亡。她從來沒有意識到，自己在心理上還重演那場悲劇事故。

我們經常不自覺把過去的經驗投射到當下的時刻，我們這方面的投射潛力無窮。在這特殊個案中，女士的丈夫根本沒有逃避她，反倒是她因為根深柢固、揮之不去的恐懼——擔心她渴望照顧的需求會壓垮另一半，甚至把另一半逼退得無影無蹤——於是，女士與丈夫刻意保持疏離。我們都免不了會這麼做，自以為「發現」了熟悉的線索，有跡可循而開始自我保護，然後再自我假設——「看，又來了，我就知道這是什麼意思。」就像前面的第83張字卡的故事，我們會把伴侶「無意陪我們看攝影展」視為「被他們拒絕」，而非就事論事，把對方的行為當成「他們不喜歡現身藝術開幕展」。

這張字卡的設計，是為了幫助你的伴侶「如實看待你」，而非把你當成那個從不出席你所有足球比賽的爸爸，或老是怨你的撫摸技巧笨拙又粗魯的前妻，或那個笑你沒戴假睫毛時很像白化症病友的媽媽。

有時，當你覺得伴侶嚴重誤解你了，但你又茫然不確定這些感受源自何處，請直接出示這張字卡，並在第一個空白處填上「任何人」。

一切豁然開朗，撥雲見日。

87

「我不是那個曾經傷害你的＿＿＿＿＿＿。我是現在這個深愛你的＿＿＿＿＿＿。」

如你所見，這張字卡是第86張字卡的複製。我重複設計一模一樣的字卡，因為我假設你和伴侶各自懷有長年揮之不去的心理陰影，揮之不去的新仇舊恨。如果兩張不夠用，歡迎你按著自己的需求，自由影印複製。也請你隨意把幼兒園孩子的姓名，填入第一個空白處。那個孩子曾經在班級作業的過程中回應你伴侶說「那真是個愚蠢的想法」，而你伴侶已為此事耿耿於懷好幾年了，而且還跟你提過好幾次了。請依你的現實處境與需求，把那些口無遮攔的陌生人也填上去吧。

88

「我不是那個曾棄你而去的＿＿＿＿。我是現在守候你身邊的＿＿＿＿，沒有你一起，我哪兒也不去。」

原來這張字卡的最後一句話是：「我是哪兒也不去的＿＿＿＿。」但當我針對遭受愛人拋棄的「受害者」進行非正式調查後，我聽到類似的說法：「每一次當我們針鋒相對時，麥可總會強調『我哪裡都不會去，寶貝』，所以如果你設計這樣的字卡，對我來說，不會有多大的安撫作用。」不過，如果換成這樣的說法：「沒有你一起，我哪兒也不去」，則說到人人心裡去，欣然擁抱。嗯，完全可以理解。

瑪麗亞記得和艾德華的第三次約會時，他們一起去看了部電影，她試著告訴艾德華，電影裡的那些暴力情節，讓她有些無所適從，而且難以消化。瑪麗亞正要開口解釋：「和你沒關係，我說的是電影。」但艾德華已迫不及待突然喊道：「就因為看一部電影就讓你想和我分手嗎？」雙方進一步溝通後發現，原來艾德華還沒走出前女友露西的傷害。當時，露西就曾丟了一句「感覺很疏離」便轉身離開，被分手的創傷，擊中艾德華的要害。

如今，瑪麗亞與艾德華已結婚六年，家裡冰箱上一塊磁鐵，貼上這段字卡信息，在各別的空白處，填上露西與瑪麗亞的姓名，正確無誤地確認。瑪麗亞偶爾會以療癒心態跟艾德華鬧著玩：「我要離家出走去『塔吉特百貨』和丹佐華盛頓一起生活。」如此嬉鬧外加這張字卡所引發的樂趣，提醒丈夫重溫我們都需要的行動——更新實況，好讓我們真的不離不棄，走下去。

89

「你是無價之寶。你值得被視如珍寶。」

一個好的經驗法則：我們未必總是要如願以償，但如果伴侶能至少認可，那麼，事情會順利得多。我知道這規則有一些特例，稍安勿躁，請容我慢慢敘述。說到自我價值的落實，其實那不是說「我們需要不斷被嬌寵善待」，事實上，我們需要的是「知道自己值得被好好對待」。

如果父母在我們大部分的童年階段意識到自己麻木無感的言行，把類似「你不配得」，或「懲罰太輕，你犯的錯太重」，或「我把應該面對我父親的糾結延續到我們之間的關係」等陳年舊傷，一一重新跟進與調整，那麼，我們的成長過程會少受許多苦。身為孩子，問題往往就在於：當你感覺糟糕，直接承受父母冷酷輕忽的言行，無論他們多麼無意，終究令你受傷，你因此而相信自己之善可陳。然而，如果換個角度來看，你的幼年心靈真的相信自己是無價之寶而且值得被好好珍惜善待，我想我們可以更有理由封你為「無憂無慮、神經大條」的成年人。可悲的是，對大部分人來說，實況遠非如此順風順水。

深植於這張字卡背後，藏有呼之欲出的訊息：「我知道我對你很差。」（可想而知，那些已經把你當寶貝的人顯然無須出示這張卡。）相信我，你多麼希望你的公公婆婆過去三不五時就對你的伴侶出示這字卡。如果他們過去經常這麼做，你的伴侶或許就不會偶爾過度防衛、有時候又出現自貶自嘲的人格特質；其實也包括我們多數人。

這裡提供一些建議：當你發現自己對伴侶不夠好的時候，請舉此卡，對他們表達心意。當世界待他們不公不義時，請對他們舉此卡。當你的伴侶對自己不好時，請對他們舉此卡。當你發現沒有人為你挺身而出時，就算沒有受到任何挑釁，也請對自己舉此卡。

90

「我愛你，不忍看你那麼不開心。」

過去這二十幾年來，我們深受許多個人成長的教育，扎實又完整的觀念，教我們當中很多人對「共依存症」的關係成癮，保持高度警覺，甚至過於敏感到開始質疑任何承擔他人痛苦的念頭是否合宜。

第一次被這字卡內容吸引時，我必須承認自己忍不住暗自思忖：「我是不是巧妙偷渡和主張這種共依存的思維？這下，讀者會不會誤以為我在暗示他們要為伴侶的苦悶負責？上帝保佑，誤會大了！」

容我在此先表明立場：當你感覺難過時，你希望所愛之人也和你一起難過，這其實無可厚非，不算什麼病態；對你所愛之人的痛苦感同身受，不但不瘋狂，且是合情合理的事。

注意事項：如果你伴侶的痛苦是源於你個人的偏差行為，那請你仔細參考第四組的「承認錯誤」，另找比這張更合適的字卡。對你的伴侶來說，你的成熟品格比同理心更重要。

那這張字卡什麼時候派上用場呢？當你的伴侶已竭盡全力說服她青春期的兒子（非你親生的繼子）暑假去打工而兒子不耐反駁：「就找不到工作啊！別再囉嗦啦」。當你的伴侶受盡上司百般刁難，被同事孤立排斥，被父親或母親侵犯，飽受偏頭痛困擾……或總而言之，彷彿整個世界都與自己對立，幾乎難以負荷了，以上情境都適用。

如果你是伴侶受苦的源頭，我想我要重新思索一下剛剛提出的建議（參考情境四系列）。有些時候，當你的伴侶對你的行動（或不行動）的失望還不算太強烈時，這張字卡或許仍適合使用。譬如說，無法抽空陪你的伴侶參加他的朋友的兒子的成年禮。善用這張字卡，你們倆都可能驚覺，原來讓人失望和「我愛你」可以同時存在，天衣無縫。這對你們的關係經營來說，無疑是充滿希望的好消息。

91

「我知道我聽起來像個瘋子，但我對你的愛是穩定而深刻的。」

我曾有位神經質的個案，有一次居然買了五打玫瑰（想像一下六十朵玫瑰的壯觀）再附上一張過度感激的字條送我，感謝我替他填寫一份例常性的保險表格。坦白說，我並沒有感受到他的感恩之情，我只覺得整件事有些怪，卻又不知所以。當我一個月後再見到對方時，他一遍遍為自己當初太不合常理的行為向我道歉，他可以想像當時的我，深陷「不得不對他的慷慨表達謝意又感覺怪異」的處境，一定很不知所措；他說完後，我動容不已，感動到也想給他寄上幾打玫瑰了。

躁鬱症是嚴重的生化功能失調疾病，一般患者因此飽受痛苦，所以我要特別澄清一下，這張字卡與剛剛提及的自我解嘲與幽默，完全不是針對此特殊失調疾病的評論。我要幫助大家面對與解決的「瘋子」，是那個大發雷霆的女士，因為她丈夫把淺色深色、包括白色甚至帶血的衣服都一併丟進洗衣籃裡；是那個怒不可遏的女士，因為她交代丈夫到文具行買七件東西但丈夫買回來的封箱膠帶不是「易撕膠帶」；是那個毫無戒心在停車計時器前專心開單開到一半忽然氣得跳腳的女士，因為車主夫婦竟分秒不差地悠然走來開車門。我剛剛只提到「玫瑰事件」，那是因為我想特別提及，當某個曾經失控的人親自向我走來，真誠踏實地對我說明原委，我感覺多麼如釋重負。

向你的伴侶展示你的自我省察的心態，讓他們充分理解你其實一直都知道自己的表現有些瘋狂，你的自我表態可以瞬間讓你的伴侶鬆一口氣。但這裡的關鍵詞彙是「穩定」與「深刻」。這兩組詞彙正好是「瘋狂」的對立面，也是專治「瘋狂症頭」最急需的有效解方；因此，對伴侶出示這張字卡，不只讓你清楚曉得自己的言行像個瘋子，而且也藉此表明心跡。你始終記得你們之間真正的情感基礎，連結於更沉靜、更隱密之處；很多時候，不在他們剛剛目睹你失控爆走的現場。

92

「我愛你。我討厭衝突。能不能來個擁抱？」

某個週五晚，亞當提早下班，離開辦公室前，打電話給羅希，才發現他們的九歲女兒要去參加睡衣派對，還興奮建議爸媽也可以有他們成年版本的派對。羅希欣然同意，還跟丈夫開玩笑說待會兒回家時可能會在客廳地板上發現睡袋和 M&M 巧克力豆。

四十五分鐘後，當亞當踏進家門時，羅希正在講電話，全心全意安撫女兒的想家情緒，努力勸服女兒留宿朋友家，不要回來。

「你怎麼一轉眼就忘了我們的派對？」亞當語帶嘲諷，並未提及他們的孩子。「怎麼沒看到睡袋？說好的巧克力豆呢？」

「你怎麼一轉眼就忘了你是父母啊？」羅希不甘示弱打斷丈夫。羅希對女兒的擔心，溢於言表，她沒有開玩笑的心情，反倒因為亞當忽略她努力營造一個兩人獨處之夜而備感孤軍奮戰與沮喪。

幾分鐘內，兩人之間的相處氛圍瞬間降到冰點，而且互相責怪對方是「破壞氣氛」的始作俑者。亞當希望羅希能看到自己一心帶著和她輕鬆玩樂的心情踏進家門。羅希希望亞當能對他們的孩子表達更多關切，那會讓羅希加倍感受丈夫的親近。「我會覺得我們站在同一陣線，那對我來說就像親密互動的前戲。」羅希堅持。或許是也或許不是。不過，如果你不斷在親密感與自我防護之間搖擺不定，雙方很難握手言和，更不用談親密如初了。就讓這張友善的字卡穿透自我防護的銅牆鐵壁吧，然後再把你帶到你真正想去的地方。不一定是上床啦，但肯定是回到你內心深處。

93

「我很珍惜你。」

沒有任何「現場筆記」的紀錄或詩集，能一一詳述你出示這張字卡的起心動念，或詮釋這張字卡到底能在你伴侶心中掀起何等波瀾。此時此刻，就連「追隨你心」這些話，都顯得多餘。

情境9

尋求和解

本書任何一張字卡都可能幫助你和伴侶走上和解之路。在劍拔弩張的衝突中提供任何轉換情緒的東西——若能對本書字卡保有基本的敬意，揮揮白旗也非常完美——都可以卸下心防，讓屋子裡的每一個人都覺得稍微放鬆。即使是我們當中一些衝突不斷的伴侶（相信我，你們不是少數）。你們真的對「和解」心生厭倦嗎？其實不然。尤其如果是真情實意的和解，而非貌合神離的假裝和好。

我在本書的「現場筆記」內容中曾多次提及婚姻研究大師約翰．高特曼的觀點，他在報告中指出，就連最幸福的伴侶也會吵架，有時甚至是很頻繁的衝突。根據高特曼的說法，雖然無法不吵架，但伴侶間保持快樂的祕訣是：你每天都需要四或五個比較親和的互動。這一系列的第九組字卡，是專為爭執怨偶量身定制的內容，要把漸行漸遠的夥伴帶進更和睦友好的主場中。

雖然本書中大部分字卡，尤其是情境四的「承認錯誤」與情境七的「誠心道歉」，都有助於融化接收者的心，感動你們倆達成協議、走向大和解，但第九組的字卡設計則是把重心放在哪些可能阻礙和解的緣由。有些內容甚至直接要求雙方一起前進，離開疏離的寒意，深入更溫暖的地方。

但願你和你的伴侶永遠保有和好時的快樂。每當張力與敵意升起時，但願你越來越曉得如何把這份特殊的溫柔注入你們的關係中。這份快樂與溫柔和你如何面對恐懼有很大的關係。你其實無須忐忑懼怕你的愛人離你遠去，他們從未遠離。和解是一種團圓與重逢的形式，而這本書的宗旨之一，就是希望這些團圓與重逢的過程更溫柔、更富教育意義，而且，越來越自然自在。

94

「我明白你有多沮喪，我也覺得很糟。」

這些字句很普遍，沒什麼特別；可能出自一百年前的某人口中，那個年代根本沒有人聽過什麼「有意識溝通」這些玄奧難測的東西。也或許在亮出這張字卡後，出示的一方頓時陷入迷惘而無言以對或不知所措。但沒關係，這張字卡已經代主人表明心跡，他們知道你飽受煎熬，他們也因此而糾結難過。其實，一般情況下，你需要的，不外乎這些。

舉起這張字卡的十四秒前，持卡的一方可能還在咄咄逼人地攻擊你，或不顧一切地自我捍衛，甚至直接無視你的存在。有差嗎？不管他們前一秒是什麼嘴臉或行動，他們的所作所為都無關乎你，而是以自己為中心——他們的形象，他們的盤算，他們最神聖的意圖，他們從上帝所領受那不可剝奪的需求，他們在關係中不能棄守的原則。但現在，他們為了更準確地理解你，而願意稍微退讓。尤其是那些之前卡在自己的立場和角度的舉字卡者，有些訊息已溢於言表：此時此刻，對我來說，沒什麼比我所愛之人的感受更重要了。如果你想挽回任何人，這是令人抗拒不了的力量。

請注意，這裡沒有明確指名誰該「負起責任」。也沒有人需要「道歉」。不過，我敢打賭，之前那個令你心煩意亂的根源和你是否感到被關切，都已經不重要了。這張字卡是否普遍通用也不重要了。你以為想表達某個特定觀點，但現在你豁然了悟，原來你真正要的，是伴侶對你感同身受，如此而已。只要有心用心，無論人或事，再平凡也能成就不凡。

95

「如果你能說句對不起，那對我會很有意義。你也可以用語言或行動，來向我表明你在乎剛剛發生的事。」

和其他字卡相較下，這張字卡需要更堅定的自我價值與勇氣才能舉得起、才願意舉起來。事實上，要不是你的伴侶事先已有些心不在焉、遊走於內疚與否認之間的漠然、孤立疏離或對自己施加於你身上的衝擊視而不見，你大概也不會有動力出示這張字卡。話是這麼說，但坦白講，你還是很可能無法一次就闖關成功，至少不會馬上雨過天晴。

德瑞克拜訪一位在芝加哥的朋友後，他心想妻子凱蒂應該也在那附近準備參加一場預定行程中的工作會議，於是，德瑞克開車順道去找妻子，卻赫然發現，凱蒂二十四小時前已離開斯科基鎮，和一名女性友人去逛街、吃飯與看電影。德瑞克當然不會介意，只是不解妻子為何不告訴他真相。

經過十億分之一秒的自慚形穢後，凱蒂開始進行全面反擊與捍衛，指證歷歷：德瑞克的依賴感、她對自由與空間的渴望已使她幾乎窒息，甚至提出實例證明自己「早就知道」丈夫「連簡單的一天獨處」也永遠不會給她，再附上一長串鮮少聽聞的「人妻觀察」，明白指責德瑞克多麼無趣無聊。妻子的言之鑿鑿，絲毫不減德瑞克發現妻子說謊後所感受的痛苦。

德瑞克不敢直接出示這張字卡，但清晨醒來時，他決定把這張字卡放在浴室鏡子前，這讓他頓時感覺輕鬆多了。直到出門上班前，他仍未得到凱蒂的任何回應，一整天也沒有收到妻子的任何電郵。但這張字卡幫助德瑞克保持情感連結的意識，他覺得自己值得對方一個關切的回應；他決定在凱蒂開口回應前，繼續保持沉默，直到妻子願意真心誠意與他溝通。以這張字卡的策略來說，這其實是一種提出挑戰的形式，讓德瑞克更樂於關注他的自我價值，而非急著與妻子重修舊好，最終必會等來凱蒂給丈夫一個誠心誠意的道歉。

96

「我擔心我們之間沒有漸入佳境的空間。」

環顧身邊大多數人的婚姻生活，一半以離婚告終，剩下沒離婚的則乏善可陳、近乎淒淒慘慘戚戚。還有那麼多耳聞目睹的緊張狀態、停滯不前的關係，我怎麼可能會這麼天真爛漫，以為承認幾句絕望的話，就能發揮作用、藥到病除？

但我是這麼想的，我的目的不是要讓你的伴侶把焦點放在「絕望」，而是在留意「沒有空間」這問題。因為我猜他們並非一無可取到完全對你置若罔聞，至少他們還會製造一些讓你犯錯的可能性，至少你現在無處可去，還會待在原地。所以，我們現在就以毫無攻擊與最輕微的批判，把發球權交給他們。如果接收字卡的一方對你還心存哪怕只有一丁點好感，那這張字卡就足以在對方心中攪動起一絲不安的漣漪，提醒他們去認清自己一直不退讓的實況。

在我接受諮商訓練的初期，我曾接觸過一對看起來真心相愛的伴侶，夫妻倆都同時對先生酗酒和酒後偶爾打妻子的行徑感覺很糟。當我嘗試以某種方式幫助丈夫導正他偏差的行為模式時，我驚覺他妻子居然為此而出現自殺傾向。

對這個出乎意料的發展，我最初的理解是，幼時曾經受虐的經驗，使這位妻子把虐待誤以為愛，虐打停止，意謂著愛消失了。但她又因為受虐而覺得自己很糟糕，於是，只要確認丈夫仍是缺陷一籮筐的壞人，她就愈發感知自己是個還不錯的好人。現在丈夫既已改過自新，她再也不能妖魔化丈夫了，不堪一擊的她，哪怕只要最輕微的壓力，都足以激發她對自己一無是處的厭惡感。

當我們表達「沒有漸入佳境的空間」時，一般指的是這樣的情境。你的伴侶與你們的這段關係都一同陷落困境中，兩人都心力交瘁，但卻想要竭盡所能要讓自己越來越好。請出示這張字卡，對你的伴侶靜默微笑，「我知道你很棒。」你知道的，你們都很棒。

97

「我們需要一個新的角度。讓我們休息一下，各自釐清到底現在最重要的是什麼，好嗎？」

孔子說：「誰能出不由戶，何莫由斯道也？」好吧，雖然這不是個完美的比喻，但也是個不錯的類比：為什麼那些身陷痛苦互動的伴侶，鮮少動用基本的常識，各自花一點時間重新「校正」再重來？以此類推，我們或許也會問，為什麼有人會任由一個孩子在超市裡失控胡鬧，而不是以孩子最愛的小熊軟糖當籌碼來和他冷靜談判？為什麼十幾歲的孩子會把你梳妝台上的錢，不問而取就拿走？為什麼他們要在中東打仗？你看清楚了嗎？有些事情就是超越人類理性認知的範疇。當我們覺得欲求不滿時——我必須補充說明，無論這需求是真的或想像的。我們都會進入一種自我防衛、逞凶好戰的忘我狀態中。很多時候，這一類忘我出神的非理性狀態會持續數十年，少數情況甚至綿延幾個世紀。這張字卡（我希望）幫助你走出這段與所愛之人互相牽絆的短暫迷思。

當然，不管你們當中誰先拿到這張字卡，誰就是先清醒的一方。假設是你吧。你其實透過字卡要對伴侶說很多話。你相信還有個隱然未現的答案，而關鍵的重點或許是去找到寶藏的線索（這說法可以軟化他們的偏執，放下對你的不滿怨懟）。你承認大家都是脆弱的凡人，需要休息片刻。後面加了一句「好嗎」，其實並非可有可無的修飾。你不試圖強求他們從辛苦累積了兩個半小時的憤恨工程中抽身引退——或與你抗辯——而是提出邀請，給他們一個可以自由拒絕的獻議。

除非他們不接受，否則一切終將圓滿。因為你已對伴侶釋出理性與情義。因為你一步步靠近他們，把他們當成真正的伴侶來看待。因為他們終將知道，你所有「重設與重來」的努力，都充滿善意。因為，和剛剛那個五分鐘前的你相比，此刻的你猶如脫胎換骨般，是多麼沉穩成熟啊！

98

「如果我們能平靜下來，好好擁抱，我會滿心歡喜。」

先把遊戲規則說明在前，這張字卡不適用於以下情境：試圖想讓你的伴侶停止談論對他們而言很重要但令你不舒服的議題；試圖逃避談論或承擔起你該慎重其事的責任；試圖以友善與療癒親密關係為藉口，來驅動伴侶進入性生活狀況。寫歸寫，但要我在這裡把一些可疑狀況明列在這份「現場筆記」中，其實還滿令人遺憾的，但為了保護這張字卡的純粹與神聖性，我不得不這麼做，這也是此字卡潛力無窮的魅力。

在與伴侶僵持不下的某個決裂點，你或許有些心力交瘁，發現自己開始疲憊不堪、頻頻跳針重複，因為你覺得自己已經清楚表達重點，其他的旁枝末節已非攸關生死，你的伴侶看來比十五分鐘前的他們表現得更理性平和，坦白說，你也不確定接下來該何去何從了。雙方都已卸下心防，戰鬥雖已趨緩，但也還沒到完全融洽和諧的地步。我的意思是，融洽和諧是我們的目標。看吧，我真是個文字大師，這整本書說的就是善用文字當橋梁，把人與人之間的隔閡銜接起來。但即使我這麼一個注重文字的作者也知道，你們之間的非語言連結，往往才是彼此最真實、最踏實的感覺。你們可以停止思考，循序漸進，深入難以言喻的溫柔，讓你忍不住讚嘆雙方是怎麼跨越暴戾，變得如此忘我的親近啊！

順便一提，即使互相擁抱，但不代表雙方一定處於同一個橫向的位置上。你可能站在一個可以擁抱久久的位置，那或許才能表達你珍視當下的整體氛圍。也可能你們其中一人坐在伴侶的大腿上。我認識的一對夫婦喜歡背靠著背，安靜坐地上，那是可以讓他們感覺平靜安穩的姿勢。

你不必等到沮喪感都百分百消解了才能出示這張字卡。但請你充分感受字卡的力量。就算它無法激勵你，也可以被當成一種溫柔的方式，引導你從三壘跑回本壘的魔力之旅。

99

「剛剛發生的事讓我覺得很懊惱。我們可以和好嗎？」

我認為這是一張「毫不婉轉」的字卡，直話直說。但接收字卡的一方可能會有些激動。畢竟大多數人都想聽到他們的伴侶對剛剛發生的爭執感覺懊惱。

如果你經常是那個老愛在結束對話前堅持把不舒服的僵局轉化成惱羞成怒的人，那麼，你身邊那位相對不太在乎過程的伴侶，想必激動又喜出望外，就是給你跪下謝恩都願意。沒想到你會願意出示此卡，還直接想進入和好的修復模式。雖然這種情況極少見，但也並非沒聽過，當你們之間比較不善言辭與溝通的一方開始出示這張字卡時，對於想方設法要讓雙方互動更優質的你來說，看到你的伴侶竟如此親和的主動示好，頓時彌補了你長久以來的悵然若失。

至於那些猶豫是否使用這張字卡的人，一般的顧慮不外乎「這樣會不會太快跳到結局？」不妨這麼想吧：你多數時候累積的不舒服不就是為了讓你的伴侶對剛剛發生的事感覺懊惱，不是嗎？既然如此，何不考慮先下那步棋？你可能會對我說：「但如果舉字卡的人是我，我要如何判斷，對方也和我一樣感覺不好受呢？」答案是，你無從知道。不過，親愛的，想想看，還有什麼比伴侶回你一句「喔，我也是」，還要令人欣慰呢？

100

「我好想抱抱你，但我不確定你會不會接受。我可以再靠近一點嗎？」

你可能邊讀邊暗叫不妙：「現在是怎樣？這什麼世界啊？擁抱也要訴諸文字請求？拜託，饒了我吧！」

喔，是的，這正是我想對你說的。饒了你自己，歇會兒吧。你只需要設想每一次衝突後你趨前擁抱對方的情境，當你觸碰到對方的那一刻，你很清楚知道對方還沒真正釋懷，也還沒進入和好的狀態。回想一下那種感受，其實你願意卸下心防去抱對方，其實你也還沒完全準備好，你只是想證明自己是個能屈能伸的人，不想太計較。但大家心知肚明，關係還很僵，氛圍也差強人意。

設計這張字卡花了不少時間思考，我想明確表達的重點是，這真的不是為了擁抱而展開對話與協調。它比較像是試金石，讓你據此判讀伴侶是否已進入修復狀態。有時你們可能已經找到解決之道，事情也完滿落幕，但兩人或其中一方還處於衝突期的「怒火餘溫」，煙硝未散，身體還是僵硬的。如果你出示此卡而伴侶如實回應：「我不覺得自己已經恢復了，我可能還需要一些時間，不過，謝謝你先徵詢我的想法。」我會把這段話解讀成「朝向正確方向的甜蜜步伐」。你已釋出友善和進退有據的一小步，且是正面的互動。太棒了！

如果你的伴侶處於欲拒還迎的「抱與不抱」之間，那這張卡或許可以助你一「臂」之力，把對方拉過來你這一邊。如果你的伴侶點頭說好，而且真情實意，那可見你重視伴侶的界線已讓你贏得敬意，而這樣的相互擁抱就更有意義了。但如果你的伴侶搖頭說不，那請你也表達謝意，感謝他們如實說出真相，而非敷衍了事。換句話說，無論你的伴侶是否準備好與你擁抱，就讓這張字卡成為你與自己的內在保持連結、全心接納自己的媒介吧。

我敢跟你打賭，這張字卡所傳遞的脆弱情感，將喚起接收方內心的某種真心與誠意。或許你等不到一個半路突然衝上前和你擁抱的伴侶，但你的伴侶肯定會滿心感激你給他們機會表達真實的想法。

101

「我完全原諒你。就像什麼也沒發生過。」

過去，這張字卡的內容一直是「我原諒你。完全徹底。」而「完全」這詞彙當然涵蓋「無邊無際」的時間、空間與記憶。但隨著時間流逝，我越來越發現「完全」未必等於萬無一失。令人驚訝不解的是，每當你的伴侶表現反常、不負責任、心不在焉或陽奉陰違時，過去那些以為早已原諒和遺忘的委屈不滿，一遍遍浮上腦海，歷歷在目。有時候，你也會發現他們在原諒後的行為舉止或各種表現似乎出現一些故態復萌的傾向時，那種揪心的刺痛，忽然湧上心頭。

其中一部分原因，是因為當你第一次原諒他們時，你並沒有做到「就像什麼也沒發生過」。什麼意思啊？我一直以來不是呼籲你要接地氣一點嗎？我怎麼可以，眼見伴侶沒有及時處理你的健康保險而任由保單失效三週；眼見伴侶像個瘋子一樣和隔壁那個老是「用錯」農藥的鄰居打成一片；眼見伴侶居然把四歲孩子留在生日派對然後跑去協助祕書修理房子。我怎麼可以鼓勵你假裝沒有看見，硬拗這一切「就像什麼也沒發生過」？

保持心胸開放一下，好嗎？我鼓勵你嘗試這麼想——你伴侶的任何愚蠢與冒犯舉止其實都不是發自他們正確思維下的行為（不妨想想上述那些例子，你不是也會脫口而出質疑對方「是不是瘋了啊你，怎麼會讓我們的保單失效那麼久？」）對麼，就瘋了啊。所以，真實的他們——那個你所愛所信的人——我跟你保證，他們那些行為確實有些脫線與失控，但那些不是他們正常狀態下的反應。那是他們工作狂或憤怒狂或拖累症發作下的「次自我」。真正的他們不會那麼駭人聽聞。你心裡一清二楚，雖然你嘴裡還是不免辯駁：「那如果他們的『真自我』跑去逃學翹課，怎麼辦！」安啦。

從來沒有人拿著槍脅迫你要原諒你的伴侶——你也可能還沒準備好——但你若真心想要原諒你的伴侶、放下心中怨恨，那請把握這張門票。你不是為了讓伴侶脫離困境才出示這張字卡。

你舉字卡的目的，是為了提醒自己，伴侶身上那些完美無瑕的部分，依舊美好，而他們仍是那個值得你付出純全之愛的最佳人選。你也提醒自己，生活中的美好依舊比不美好，更真更多。最後，你再提醒自己，己所欲，施於人，如果有一天，一時脫線失控的人是你，你也希望自己能被對方如此寬待。

情境10

關於性愛

性愛是人世間其中一件最自然、最享樂的愉悅美事，但令人詫異不解的是，人與人之間的疏離常常把最「自然」的親密急速轉化成戰術與策略，把「愉悅」轉化為尷尬不堪、焦慮不安和……人人避之唯恐不及的事。

我在諮商現場中面對許多男性的共同心聲，他們在過去十年或十五年甚至二十年來都深陷無解的困惑中，始終不明白那位在熱戀期狂野做愛的女人，什麼時候開始（他們理解的角度）把性愛視為國二的地科筆記來深思熟慮與嚴謹對待，「她們喜歡做愛，她們是熱衷的，我確定她愛做愛！」這些男人眼中幾乎噙著淚水，以自我暗示法來試圖說服自己，過去的經歷多麼真實，絕不可能是他的幻覺。

重點來了。這些男人不是在編故事，他們說的句句屬實。只是他們想像中那個曾經浪漫的女人和實際上一起生活的女人，出現一些巨大落差。女性的雌激素分泌旺盛期一旦消退以後，在多數情況下，她們接地氣的存在感與務實模式，開始啟動。別誤會，女人從未停止思索性愛。她們時刻都在想，只不過她們想的方向有點不一樣，譬如：「看來他待會兒就會要做愛了。」或「我整個禮拜都沒關注他（或他好像承受很多壓力）。我看我還是今晚跟他做個愛好了！」或「我很喜歡他幫我揉揉背，但我就知道他最後總會把按摩變成做愛前戲。能不能至少有一次來個純按摩啊，煩欸！」或「我真的想讓他知道我期待被親吻，但我知道他會把這句話當成批評！」或「拜託啊，他整個禮拜都和他的 ipad 做愛，他怎麼能指望我會想和他做愛？」與此同時，男人卻將一半的時間花在「肖想做愛」，再把剩下的時間處心積慮，想辦法「在被婉拒時降低被澈底抗拒」的可能性（好吧，這麼說有點誇張，但咱們心知肚明就好）。

除非你真的嚴肅看待，有些東西已阻礙了親密關係中的「自然」和「愉悅」，否則，像我這樣試圖以一張字卡來解決如此盤根錯節的身心靈狀況，看來不免有點膽大妄為或過度天真了。這一組的系列字卡，是為了幫助你面對某種我稱之為「憂心的形式」。憂心本身沒什麼大不了，但如果不處理與解決，可能會成為抑制性慾的一劑反春藥。對預期中雙方在性愛上的不同調與不同步、個人身體的狀況、感覺被利用、感覺被掌控，都可能讓彼此憂心忡忡而「性」致缺缺，而這些都只是開始而已。不過，公然表達擔憂，會讓你更喜歡自己，也會更喜歡你的伴侶。這就是我常說的——最理想的做愛，從好好做人開始。

102

「我想做愛，前提是你喜歡我。」

這麼說吧，你不會沒事忽然對著你的伴侶出示這張字卡。以卡表明心意的當下，想必雙方稍早以前已有爭執或彼此疏離，也可能雙方已著手面對與解決關係疏離的問題，因此，舉字卡回應的一方雖然感覺溫暖，但他或她還有些困惑與不確定，擔心接受做愛邀約是示弱或態度趨軟的表態，然後完事後才猛然驚覺原來對方心中「還有些過不去的坎兒」。所以，手中握有這張字卡，你就好像在告訴伴侶說：「我愛你，我準備好當你的朋友，但我可不是蠢蛋。所以，注意你的動作。」

善於和文字打交道的我，這句話「我希望我們可以做愛，但前提是你喜歡我」聽起來感覺就是不對。不對勁的地方在哪裡？我不確定真正的原因，但對親密伴侶提出這樣的宣示，感覺很羞辱人；似乎在暗示，愛的一端形同命令，而另一端則可能表示，你們之間的愛已蕩然無存。

其實，這張字卡飽含自尊自重。雖然我常不改誇大其詞的傾向與本性，但我還是相信，如果雙方都能與這張字卡深度對焦，那會是地球上最到位、最有效的性愛治療法。

以我實際接觸個案的經驗來看，一對伴侶是否感覺被羞辱，一般取決於他們是否在一個彼此感覺友善的空間進行互動，至少，這些情況下不致於讓你忍辱負重吧。當她在取餐區輕聲細語問你：「你真的想要馬鈴薯和麵包嗎？」或他們以中立的立場，心平氣和與你討論你們家十歲的孩子到底要參加男生籃球營或男女混合的傳統營隊比較好？當然，我不能說這是放諸四海皆準的普世道理，但這張字卡確實可以為某些人啟動高規格的性愛前戲。何以見得？因為這幾句話可以讓你的身體與內心對焦，那是個極好的起點。

103

「如果我們可以慢慢來，我會更興奮。」

這張字卡高票贏得「最受歡迎」獎。當我告訴女性朋友我正著手設計「真實性愛字卡」時，十個女性中有八位提出類似這張字卡的建議（其中不少女性朋友其實提議字卡訊息應該更言簡意賅，譬如：「請你慢一點」）。

我常百思不解，一直不明白為何男人似乎比較喜歡速度感這件事。根據男性的生理勃起理論，以及來自「男人你不懂」（Men-Don't-Get-It Hut）網站的偉大思想家分析解構後的綜合整理，一個顯而易見的結論是：「男人因為不夠敏感，所以總是衝太快。」不過，我倒覺得案情不那麼單純。身為女人，無論與生俱來或後天養成的特質，向來習慣回應與配合別人的需求；面對男人的速度議題時，總是特別困惑，不曉得男人到底要什麼，或這些節奏的意義為何。

換句話說，也許是我們表達得不夠清楚，才讓男人無從明白我們的期待和想望。

你可能已聽過哈佛大學有關女孩發展的研究。研究人員帶一個十歲女孩去吃披薩，問她想要什麼，女孩開心大叫：「義式香腸！」同一個問題問另一個十二歲女生，第一句答案可能是「嗯，我不確定欸」。再問一個十四歲女生時，她們的答案是另一個問題：「那你想要什麼呢？」這是個令人遺憾的答案。由此可見，女性多麼需要接受自信養成的訓練，與學習設立界線的密集培訓。從另一個角度來看，女性也很需要加強一些相互對等的意識，勇敢承認自己缺乏這方面的意識，進而要求伴侶用心關注她們的性生活與其他方面，因為她們很容易迷失自己。其實，你真心期望的，是個願意放慢速度的伴侶，因為他理解你的需求和你的心理困境，而不是把你當成交通號誌。所以，下一次當你說「慢」的時候，也許你可以依需求添加一兩個具體指示，譬如「撫摸」，或「跟著我的節奏」，或「你知道的麼，親愛的，來點夢幻麼」。

104

「我也想和你做愛，但我需要先問你一件事，請你不要生氣。你一整天都努力避免和我吵架，就是爲了不想破壞今晚的計畫嗎？」

我一開始很猶豫是否要把這張字卡放進來，因為這樣的內容很容易被解讀成質疑愛人的好意與好行為。既然如此，為什麼我還是堅持納入這張字卡？因為有時候，一些尷尬和如坐針氈的時刻，或許是你必須付出的代價，以此換來一些不敷衍的真心體驗。

這幾年在工作上接觸許多伴侶，我已經學會一件事——永遠不要低估一個人對於自己被約束、被嘲笑或被操控的感知能力。不要輕忽這些懸而未決的潛在問題，它們最終可能把美好的性愛變成一種例行公事。如果你一想到要出示這張字卡便渾身不自在，我想幫你舉起一張這樣的字卡：「請你千萬不要恨我！我一直站在你這邊，而且竭盡全力要與你建立最親密、最甜蜜的關係。」

如果你對自己夠誠實，當你不再全然相信伴侶的「連結感」時，你們之間的合一開始出現落差。事實上，這張字卡可以詮釋這本書的其中一個深層理論：當你與伴侶的能量場域共同連結到你內在的情感時——即使是可理解的偏執也可以——所有事只會漸入佳境，越來越好。

要當一個女人的情人，確實不容易。我知道菲爾（Phil）博士最近才開始向所有男性喊話，這些語重心長的提醒，頗有道理——前戲始於「二十四小時前」。真假？你可能會問。女人怎麼判斷她的男人的所作所為是出於真心誠意或策略考量？我對此的回應是：當你好奇你的伴侶是不是「心懷不軌、居心叵測」時，請你先想想，如果為了做愛而竭力免除衝突，考慮一下！有何不好？說到如何駕馭「真心誠意或策略考量」之間的模糊地帶，我想，無論男人或女人，其實這方面的拿捏能力都差不多吧。

105

「當我們冷熱不同調的時候，你表現得好像出了什麼大問題，其實我們只需要回到同一個熱度。」

注意：建議舉此字卡時，以一手勢配合：伸出雙手，掌心向上，做個多數人所能理解的「邀請」姿勢。

第66張字卡寫道：「我要怎麼說才能讓你覺得被理解呢？」我在內文中提及一位嘗試和伴侶溝通的女子，她告訴伴侶，當做愛的感覺不甚理想時，令她有些沮喪，她丈夫一聽便倉促下結論，指她「本來就不那麼喜歡做愛」而退縮不前。我的觀點其實就是單純想解決一般關係中進退維谷的僵局。

既然我們現在無所顧忌談論性，我就不藏私了，開誠布公和你分享一些更重要的東西。我迫不及待想要告訴你，我確實聽過很多這樣的說法，尤其是女性朋友指稱自己「沒心情進入狀況」時，面對伴侶可能感覺她們某些細微反應沒有按照慣例或期待的方式回應時，她們其實無奈又無言……沒錯，她們確實沒有百分百「活在當下」，甚至出現短暫的——我就直言不諱了——短暫的恍神分心，其實是窗簾問題啦。

六〇年代的傑出心理學家湯姆金斯（Silvan Tomkins）曾提出「情感理論」（Affect Theory）的思想發展，湯姆金斯把羞恥感總結為生理上的反射作用，是一種回應「快樂感中斷」或「興致退縮」的感受，如果我對此理論沒有理解錯誤的話，這意謂著無論你對個人成長多麼費心用力，一旦被觸動而感知他人的退縮時，很難不出現羞恥的情感反應。唯有理解與認可，能自動消弭羞恥感。如果你身邊的伴侶，至今仍無法坦白對你說「寶貝，你現在好像不太投入，我覺得自己的羞恥感已經快要冒出來了」，請你多加留意對方可能出現無意識的退避，此時此刻，請出示此卡。別忘了要加上你的手勢。還有，記得，當他認定你似乎不太喜歡做愛而你卻已釋出最高誠意的溫暖，步步靠近他時，你或許也會惱怒成「羞」。在生氣之前，閃過片刻的羞恥感。

106

「當你把我想成是個『只想找人上床做愛』的男人時，我覺得你真的不了解我。」

男人很多事都會聯想到性。在這樣的文化中，喔不，在這樣的銀河系中成長，要我們不去「污名化」男人滿腦子想的都是性愛，還真的不容易呢！事實上，男人也樂於和其他男性群體分享這種天經地義的痴迷，表達一種「英雄所愛略同」的認同感。進入性成熟的年輕女孩經常被男友抱怨動輒「透過婉拒性愛」來折磨他們與破壞約會氣氛。也許你期待我為男性平反，說些類似「事實不然啦，男人其實也想很多性以外的其他事。」不過，我並不打算這麼說，關於性，男人確實想很多，也常常很想要，但這並不意謂著他們就不能墜入愛河啊，他們也可以深愛一個人的。不過，女人倒是需要堅強的自我價值感來感知他們的——找不到更好的詞彙來形容了——他們追求自利與個人興致的本性，而非認定那是他們的生殖器脫離心臟的標誌。

某次，我的其中一位個案把一張支票交給我，我忽然喜出望外，拿著支票又親又吻，緊握胸前，低聲呢喃：「超愛這種勞有所獲的感覺！」然後我問在座的幾位個案：「你們還能相信我對你們的關心是出於真心嗎？」出乎我的預料之外，大多數人竟開始陷入沉思與困惑。但我的目的不是要讓他們感覺不舒服，而是要引導他們去理解，當另一個人「從關心的行動中有所得」的時候，要繼續相信那個人的關心毫無私利，實在難上加難。

坦白說，我自己其實也花了好長一段時間，好不容易才從「男人難免自我中心」的銀河系幻象中脫逃，全身而退，不過，我還是要肯定地說，指責一個各方面都表現不錯的好男人，說他只是利用伴侶，且對伴侶只有欲望沒有真情，這麼說就太傷人了。男人會不會偶爾忽略女人的感受？會。男人會不會偶爾幻想女人溫柔伺候他？會。但當男人出示這張字卡時，他開始嚴正捍衛自己的人性，迂迴婉轉向眼前的女人擺明她對伴侶的嚴重物化，已顯露無遺。

107

「我知道我的表現很糟，但我不想以做愛來彌補你。我們可以先把事情釐清嗎？」

在協助伴侶處理他們關係中的性議題，其中一個最棘手的事，就是要避免性別刻板印象的偏見。至少我有足夠的開明心態去理解，身為女人，我對整體男女性別的觀點，還是難免存在一些偏差。也就是說，或許在某個我已記不得的城市中曾經聽過什麼樣的故事，但我從來沒聽說過，有任何女人會因伴侶沒有幫忙做家事卻只因為深情吻她而澈底改變她對男人的態度。或就這件事來說，無論男人的親吻方式多麼美好、多麼銷魂，還是不可能就此讓一群女性聚會中的女人閉嘴，她們還是會一如以往地爭相抱怨，厭煩男人總是花太多時間在辦公室。至少這種「親吻就讓女人閉嘴」的事，不會發生在我的鄉鎮。

所以，那些很可能已準備要參與「性愛彌補」的女性（或男性），在感覺配合演出的無奈之前，這張字卡就是為了在此情境下支持你勇於向伴侶表達，你渴望以純粹、成熟的心態來經營你們之間的性生活。把性愛當成懺悔或彌補的工具，只會讓你對另一件事更感自責內疚——你背叛了自己。如果這還不夠讓你厭煩，那你肯定無法明白伴侶需要的不是強化的安撫需求，而是理解與同感。

108

「我現在正準備彌補你被剝奪的性愛缺憾。我的慣用模式是透過做愛來消除你對我的怒氣。這次讓我們換個方式吧。」

這張字卡與第107張字卡有些重疊之處（「我知道我的表現很糟，但我不想以做愛來彌補你……」），其中的差別在於，上一張字卡的出示者，沒有主動把事情搞砸，譬如在你的簽帳金融卡刷了一筆七百五十美元為自己添購新衣，結果竟造成你送給姪兒當結婚禮物的五百美元支票被跳票，超尷尬。

但這張字卡的設定情境就更微妙和普遍了。有伴侶——一般來說是男性，但也有特例——因為感覺不受重視，性生活乏善可陳或純粹就是性挫折。理論上，這些感受可能源自各種狀況，涵蓋面廣泛，從完全適當合宜、健康與符合現實感，到驅動不安全感、神經質和強迫症狀等。有一點必須補充說明：所謂「純粹就是性挫折」，其實很少在一段持續進行的親密關係中沒來由地以「純粹就是……」這種狀態出現。看似雲淡風輕的背後，往往是排山倒海的受傷情結（「你怎麼可以對我的期待如此無動於衷？」）與羞恥感（「我覺得自己像個乞丐……」），而那位扮演剝奪者的伴侶會覺得自己必須為另一半的焦躁不安與痛苦，承擔責任，以保護她的伴侶免受任何因性行為而引發的打擊與失落。

因此，出示字卡的一方，其實有誠意想放棄「以性愛來掩飾自己蛇蠍女皇的冷血罪名」。她甚至期待自己的努力，能鼓勵伴侶也放棄「以惱怒來掩蓋背後的不堪一擊」。如果你真的想採納我的意見，我真心建議男女雙方坐下來好好聊聊。使用這張字卡不僅僅是作為個人關係的關鍵破冰工具，也是人類關係史上的變革時刻。如果你們倆都不把性愛當成解藥——我的意思是，不把性愛視為逃避沉默、遮掩疙瘩的工具——想想看，做愛會是什麼感覺與境界？哇！

109

「我知道你喜歡先以口頭溝通來面對我們之間發生的事。但現在，如果我們可以肢體接觸一下，可以幫助我感知，我確實和你在一起。」

任何閱讀本書的讀者肯定會假設我是個主張溝通的鐵粉。所以我相信這張字卡所傳遞的訊息，可能會讓許多讀者大吃一驚。不先把事情處理一下就直接跳到肢體接觸？她到底哪根筋不對了？

是，我是溝通的忠實擁戴者，一如我們大部分女性，和你溝通會讓我有安全感。然而，我也主張機會應該平等分配。而我知道對許多人來說——尤其是男性朋友，但也有例外——肢體接觸的撫摸與被撫摸，是安全感的來源。簡而言之，一如上帝的旨意：這張字卡不鼓勵、也不支持兩個漸行漸遠的疏離伴侶忽然來個性接觸，藉此期待一個非語言的神蹟奇事，立馬把關係修復好。反之，這張字卡是針對你身邊那位有點激動、有點退縮、有點憂心的夥伴而設計的內容，他們亟需某種可觸可感的確據，好讓他或她可以在你的陪伴中感到安全自在。

別忘了，女士們，如果有人想在和你說話前「先」摸摸妳、抱抱妳，那不是對方天生重視你的身體勝過「你」，或逃避面對你心裡不高興的事實。請謹慎辨識，不要讓自己的需求和比較喜歡的處理模式占據主導地位，以致你無法尊重你的伴侶或許需要在做愛前優先「處理」你們之間的問題。

110

「我想和你分享我對你的性幻想，希望能藉此讓我們更親近。」

這張字卡，是為了成千上萬人量身定做的，他們多想和伴侶分享令他們興奮的事，但卻困難重重，即使他們根本無意去做那些他們想「說」的事。我這裡為習於壓抑的人提供一個祕笈：「性幻想」的界限不必那麼嚴苛吧！舉個例子，你或許可以告訴伴侶一個「比較普遍不特殊的性幻想」，譬如：幻想自己和原住民一起生活，不必賺錢、赤身露體、不用修整草坪也無須參加家長會。不過，有時候，即使只是分享如此溫和無害的幻想，也可能引發你伴侶的「創傷後壓力症候群」；又或者，你可以試著把這些幻想的分享轉為激發伴侶好奇心的特殊時刻，因為他們不會排斥深入了解你的機會。

以這種「激發對方好奇心」的力量來分享你的內在幻想，且不論是否與性愛有關，都是一張門票，激勵你的伴侶想助你如願以償的可能性，並讓你美夢成真。

111

「我現在的狀況真的沒辦法做愛。不過，我還是愛你，你無需那麼用力取悅我，好嗎？」

你會以為這個字卡的情境設定可以比較容易用語言表達。以美國家庭表達類似情緒反應的保守估計來看，過去一週內就有大約十億次之多。雖然如此，還是很少人能在毫無防衛意識下如實表達「自己狀況不對」的訊息。

當一方想做愛而另一方不想，這樣的情境總是令人感覺有些難堪，你以為你和伴侶都共同沐浴於興奮快樂的氛圍下，但事實不然（設身處地感受一下，撇開任何性愛或肌膚接觸的挫折，你原先假設伴侶和你的期待一樣，但這下難免尷尬了）。

有時候，你很難擺脫「自己像個剝奪伴侶快樂者」的愧疚感，進而激發各種「心情不佳、狀況不對」的理由，這些其實都是不必要的辯解（「你知道少了請產假的艾格妮絲幫忙，我今天在辦公室的狀況忙碌到多可怕嗎？」「你忘了我花多少個小時來幫你媽媽找到一個新的泌尿科醫師嗎？」「我被孩子們拖拉折騰了一整天。然後，現在是怎樣？」等等）。

花些時間找出這張字卡，用力出示吧。你的用心表達讓伴侶覺得你在乎他們的失落、脆弱與擔心——這會不會只是開始，預告你們之間發生了些「轉變」，未來恐怕還有更多困難等著你們？這張字卡讓你不必合理化自己無法配合的狀況。溫和無害。

112

「我很怕給你壓力，但我們已經好久沒有做愛了，如果我們繼續忽視不管，我很擔心我們會錯過修復的時機，一去不回頭。請你和我聊聊這件事，我只要求這些。」

過去幾年，探討無性婚姻的議題與文章很多。如果從我實際接觸的個案來看，這些狀況都是真相。這不是個容易處理的問題，因為問題背後經常和「最好都不談」的潛規則息息相關，盤根錯節。唯有當其中一方對此默認協議比較不滿時，無性的議題，才會被提起。這問題沒有任何神奇魔力或感性承諾可以解決，不過，藉由這張文字字卡，出乎意料的真心誠意與勇敢直言，至少可以開創心理學家所謂的「中斷模式」。

請稍安勿躁，讓我來為你細說有關「中斷模式」的新思維。多年前，我和丈夫參加一場幫助諮商師處理性愛議題的研討會。主持人是大衛・史納屈（David Schnarch）博士，同時也是《熱情婚姻：在伴侶關係中維繫愛與親密感》（*Passionate Marriage: Keeping Love and Intimacy Alive in Commited Relationships*）的作者，他說：「我們現在開始進行性治療。請握緊你伴侶的手。」接下來是好長一段沉默不語的時間。然後，他再說：「請放開伴侶的手。」他接著要求所有與會者回顧剛剛互相握手時閃過心中的每分每秒，嚴格檢視整段練習時間中出現的任何焦慮時刻。當主持人一開始引導大家練習時；當我開始尋找一個舒適安放手肘的姿勢時；當我要確定雙方是否目光對視時；當我暗自羨慕旁邊那對眼神凝視的伴侶時；當我感覺無聊或擔心伴侶會不會覺得無聊時；當我開始擔心伴侶會不會在結束一天活動後覺得「跟不上」或「被扣押現場」。

仔細檢視完自己的焦慮時刻後，主持人說：「好，那我們現在就真的開始進行性治療了。請鉅細靡遺地告訴你的伴侶，剛剛練習過程中引發你每一個焦慮感的細節。然後，請留意體會，你何時感覺彼此很相近？當你們牽著手或談論焦慮感的時候？」

我能理解那些在性生活匱乏的婚姻關係中飽受挫折的伴侶，再多的對話，都不是他們真正渴望的東西。但如果室內坐滿一群偽裝解放、稍稍連結一下就淺嚐即止的心理諮商師，情況就不一樣了，這群專業人士會猛然發現，原來他們一直在「阻礙流動又未曾公開」的一片焦慮汪洋中執行任務。那麼，開始和伴侶談談焦慮感吧，說不定可以成為前戲的前戲。

113

「我猜，你可能以爲我應該知道你現在想要什麼。我也希望我知道，但寶貝，我眞的不知道啊。」

雪莉是我很熟悉的個案，她告訴我以下事件：某晚大約十點，她和丈夫傑森躺在床上看一部電影，兩人邊看邊打瞌睡，幾乎睜不開眼了，傑森提議：「寶貝，我們睡吧。」相擁依偎了幾分鐘，雪莉翻身就睡了。十分鐘後，她隱約感覺身旁的傑森輾轉不安，於是她驅身湊過去，問丈夫：「老公，你還好嗎？」傑森的聲音介於沮喪與困惑之間，眼神直視前方，好像在和上帝進行存在主義的對話，大聲問道：「為什麼我們不做愛？」雪莉好想給枕邊人來個敵意滿滿的反擊——「因為我們不玩戀屍癖性愛活動啊，你喜歡撿屍喔！」但她還是把這些話忍下來，因為傑森看起來真的很苦惱。以下是這對夫妻的後續對話：

雪莉：我真覺得我們都太累了，沒力氣做愛。

傑森：我是真的累，但還沒累到無法做愛。

雪莉（輕微被激怒了）：好吧，這樣吧，那你得幫我了。你現在可以隨意告訴我：「我看起來或許很累，腰部以下不累喔。」

傑森：我為什麼得告訴你這些……你怎麼會不知道呢？

故事非虛構，我創意還沒強到可以杜撰這段寫實經歷。內容觀點正解：有時候，當伴侶「就是知道了」而且還主動採取愛的行動，我們會感覺自己的需要被重視，被珍愛。這正是我們出生時，連話都還沒學會怎麼說的生命初時，我們對「愛」的體會與解讀，回想照顧我們的人，他們最好有點通靈的超自然能力，才能理解你的意思。現在請聽我說：這不是常規，就算在成年人之間，也不應該是這樣。你的伴侶不該期待你讀懂她／他的思緒萬千，事實上，如此不切實際的期待會讓你們倆永遠都不放鬆。當然，有些時候，你的伴侶會希望你有讀心術，可能是其他非常恩愛深情的事，那就另當別論了。

114

「我無話可說，我想你可能也是。那就請你和我在一起就好。」

別擔心。我們不會再增加更多對話的議題了。純粹是一張字卡……發自內心的微笑……把雙臂伸展開來……

情境11

深化信任

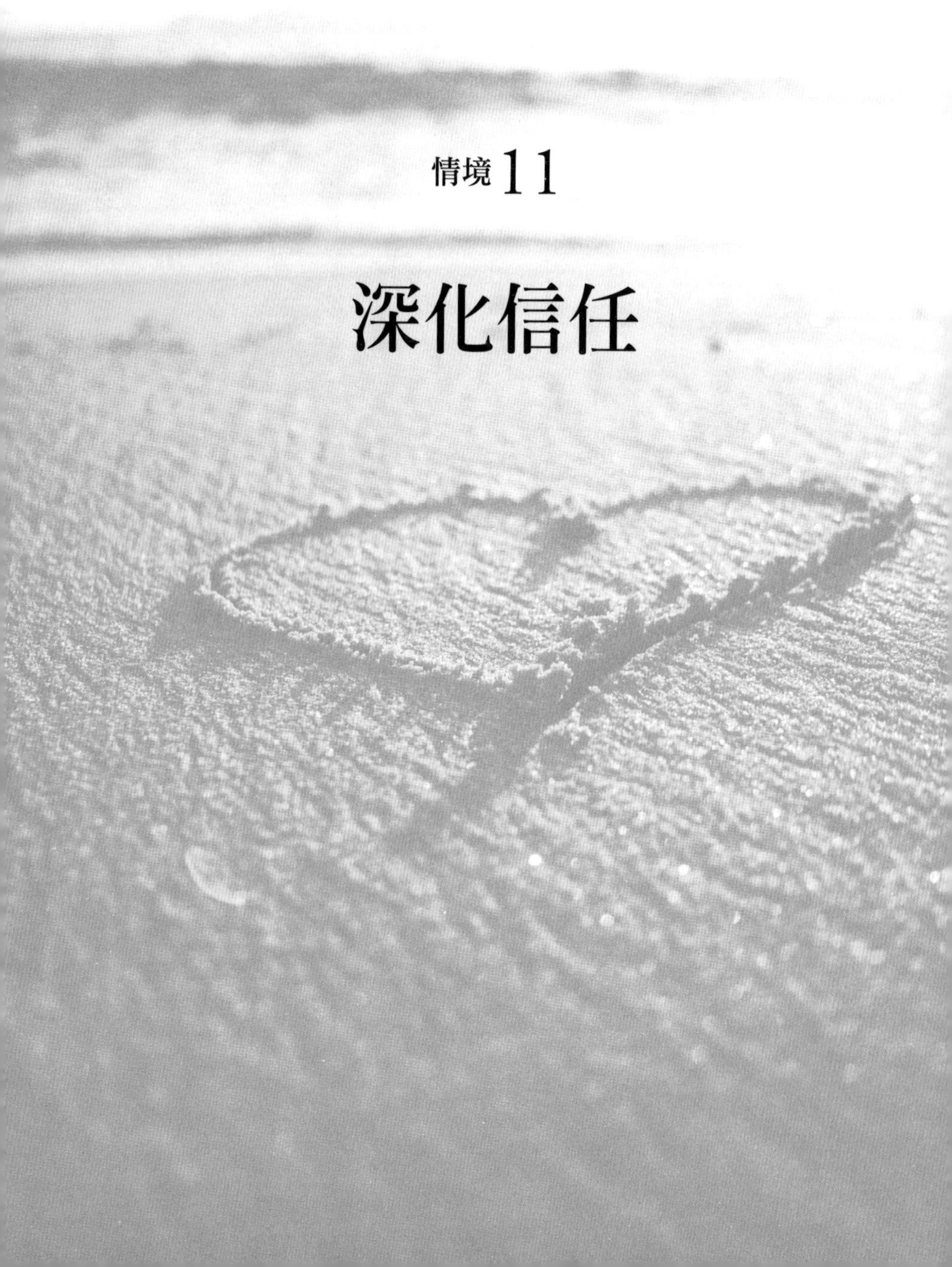

泰德（Ted Strauss）是我的朋友兼導師，也是忠實的形上學專家，他對宇宙天地如何運作的所有相關天文地理與可理解的知識理論，都興趣濃厚，也深入專研。他能夠以極詳實細緻的方式寫出有關神的智慧、人際關係、量子物理學與存在的痛苦，還能將這些博大精深的領域和多元主題都結合起來談，我想，只有像他那樣具有「全觀」與獨具慧眼的人，才能看到這樣一幅環環相扣的大畫面；他寫了幾篇文章，題目包括：「你不想實現的自我」、「合一的痛苦」、「啟蒙進程的祕密」、「意識會使你快樂嗎？」相對於這些難度高的文章，我特別注意到他一篇名為〈信任〉的小品文，內容簡潔明快，在他眾多龐雜多元的世界觀背後，這篇文章特別令人耳目一新，我歸納全篇的重點就如以下這句：

「信任決定一切。」

理論上，確實就像泰德所言，我可以就此打住，只是，你在讀本書時，應該要在「出示字卡時即有的自我信任」與「創造互信」之間，打造起互通的橋梁，這份相互信任會讓你在關係中越來越輕鬆自在。順道一提，你不妨回想一下買本書的初衷。只要你能在伴侶面前自在做自己，你便能和他或她一起輕鬆度日——如果對方也自在做自己——透明又耿直，你也能信任不疑，那你和伴侶也能一起輕鬆度日。我冒著過度簡化上述「一切」的風險告訴你這些，這對我來說，也是對「信任」的大考驗。這一組字卡的設計，是為了具體解決你們之間因缺乏信任感而緊繃的關係，包括這些狀況、心境與場景——我擔心你沒看到我的好意；當我表達質疑時，你沒有使用「避震器」來聆聽我的不信任；我必須假裝相信你或覺得自己被了解但其實不然；我接到某種「暗示我一無是處」的感覺，你可能感知到類似的感覺；我擔心永遠無法像個平凡人那樣和你一起生活。

這是進階班，就價值而言，我此生還沒見過任何情深似海的神仙伴侶可以跳過這堂無比尊榮的課程：彼此承認吧！除了靈魂伴侶的恩愛面向以外，總有些地方是我們無法全然信任對方的。毫無掩飾地表達自己的不信任，就是一種最高境界的信任，比盲目理想化伴侶或貶抑伴侶不值得信任，更能對你們的關係表達敬意。或許過程會令人不知所措，但這正是你和自己直球對決的好機會，以尖刻強烈的方式教育自己，允許自己對伴侶的不信任，可以深化你所愛之人對你的信任。這幾張字卡就是為了幫助你好好處理這件事。

115

「什麼事讓你悶悶不樂？我想聽你說，但請你慢慢開始說，好嗎？」

從本書第一版到你手上這本第三版之間，我之前提及的高特曼博士——世界頂尖的關係分析大師，出版了他的代表作《信任學：夫妻的情緒協調》（*The Science of Trust*）。高特曼這本書提及的一些內容，和我們這張字卡訊息有些相關之處，譬如：在最幸福的關係中，當女人覺得苦惱時，她的伴侶會認真面對她的抑鬱寡歡，而不是感覺另一半對她的批判、羞辱、掌控、怪她不知感恩或待她不公（還有，大家都很好奇，為何超過百分之五十一的婚姻最終都以離婚告終？）。

還好，高特曼沒有片面留下這樣的結論與觀點：只要女人能簡短發洩一下，而男人能好好聽一下，大家就能相安無事。還好，作者繼續告訴我們，如果這女人真想深化她這段關係的信任感，那麼，這位「苦惱但能快樂起來的人」可以如何表達她的怨氣。首先，她需要以所謂「娓娓道來」的開場白啟動這段對話。如果她一開始便得理不饒人或驚聲大叫（譬如：「我真不敢相信你竟然會相信這種屁話！」或「拜託啊，你又……忘了！」），那她的伴侶會採取自我保護的捍衛模式，四面八方圍堵過來；如果到那樣兩敗俱傷的時刻，恐怕世上所有的道歉——和字卡（唉，嘆氣）——都無能把童謠裡摔落在地的「矮胖子」（雞蛋），重新拼湊起來。

當然，對一個女人來說，要快狠準地把滿腔不滿轉化為「聽者友善」的順耳之言，她必須對自己與伴侶有足夠的基本善意，這份善意才能成為感情中預存的信任，藉此先發制人，確保她的伴侶不會來個正面反擊。如果你是有意識選擇出示這張字卡的男人，那麼，你已清楚要求對方以感性來回應你，而非隨心所欲按下你直覺的逃避按鈕，你的這些表現已足以展示你對伴侶充滿信心。當然，在一些情況下，關係中的信任感，是要努力去爭取的。不過，如果你不費吹灰之力便換來對方的全心信任，你會忽然感覺春暖花開，多麼美好。當你取得信任果實時，那就靠背坐好，慢慢品嚐，好好享受信任深化的觀察過程吧。

116

「我知道我狀況不好，但我擔心你寧可疏遠也不願再靠近我。」

在伴侶治療的世界中，其中一個持續進行的對話背景，便是與「安全」相關的議題。每一個人都同意，和你的伴侶在一起時感覺安全，是無比重要的一件事，但至於「安全」源自何處，則眾說紛紜，各有各的想法。其中一派治療觀點或許可以引用一位著名諮商大師的言論來概括，這位大師不疾不徐地問我們的小組：「這裡有誰希望他們的伴侶更放鬆、更親密或更有趣？」想當然，人人舉手，諮商大師打趣道：「既然如此，那請你問問自己：你能盡什麼努力，讓你的伴侶跟你在一起的時候感覺更安全自在？」這個答案出乎大家的預料，至少在那片刻之間，大家沉靜思索，原來當我們期待另一半要放鬆、親密與有趣，祕訣就掌握在自己手中，你讓人感到安全，你便收穫相濡以沫的放鬆自在，完全不受那「重要他人」所制定的僵化條規所左右。

然而，另一個來自反對陣營的治療師則不以為然，他們提出爭議，聲稱最終就是沒有人會為你創造任何「安全空間」。一切終究是你個人內在的努力。換句話說，你需要相信自己的現實狀況，進而使你勇於坦誠表達具有幾分挑釁的事，其中包括想像你的伴侶可能出現的反應，譬如氣急敗壞地大翻白眼或立即被激怒，駁斥你豈可對他們抱持如此想法……等等；而你的職責是立即主動安撫與保護你受驚嚇的內在小孩，同時也為這個長大成年的自己能如此率真與耿直而備感欣慰。

我覺得這兩種觀點與方式都各有優勢，相輔相成，雙方共同擔負起「為對方與自己開創安全感」的責任，這是把平淡如水的關係翻轉成親密美好的主要任務。這張字卡，其實就是個人為自己的安全感負起全責的縮影，透過巧妙方式邀請你的伴侶在過程中參與。就像往常那樣，先承認自己不是完美女士或完美先生，這樣的方式不僅充分表達你渴望彼此更親近，也理解你的愛人為什麼想離你遠遠的。嗯，當然，只是暫時的而已啦。

117

「我不會責罵你。我只是想和你一起修復關係。」

我真心覺得，當我們激底挑釁或激怒了某人，如果這種事可以量化的話，我們最終會感覺自責自咎，尤其和「受害者」的報復心相較，我們的愧疚感只會有過之而無不及。

譬如：娜拉對達蒙的某個人格特質很有意見，達蒙的「過於殷勤助人」——例如他熱心幫一位剛離婚的女鄰居整修房子，但自己的房子卻破爛不堪；每一次在派對上總是熱情為在場的女士們遞茶倒酒，還有，在娜拉看來，達蒙給女服務員的小費也太多了。他們在諮商治療時集中討論這議題，達蒙迫不及待把他對女性的熱血行為，歸因於他十歲時父親早逝這件事，母親催促他提早長大，擔負起家中男主人的角色。達蒙虛心學習，重新認清自己的身分，導正自己與異性之間缺乏界線的問題。然而，過了幾個月以後，當娜拉發現丈夫在鄰居家待太久了，她澈底嚇壞了。還沒搞清楚是怎麼一回事，竟獲知原來是達蒙撞死了女鄰居的貓，而且丈夫整個人陷於痛不欲生的狀態，不斷向女鄰居道歉，竭盡所能安撫失去寵物的女主人。

這下，輪到娜拉深陷可怕的愧疚感中，她不僅沒有在丈夫驚恐萬分時支持他，而且還在丈夫盡責處理這件事時，把丈夫想得很壞。娜拉一邊覺得自己真是個糟糕的妻子和糟糕的朋友，她真該被痛扁一頓。這正是使用這張字卡的絕佳時刻。當你知道自己遭受不友善的對待，你可以選擇相信身邊那位犯錯的人，其實感覺比你更糟。

118

「我需要你看到我的好意，雖然我表現得好像不在乎，但我很難過。」

我小學三年級時，曾經歷一件痛苦的事。我當時在希伯來學校上課，有生以來第一次覺得自己竟不是班上比較聰明的孩子之一。事實上，我覺得自己是全班最笨的學生。我的希伯來老師是個憤世嫉俗的以色列人，一天到晚喋喋不休、誇誇其談和阿拉伯人的鬥爭，如果他對我視而不見，或許我還能忍受。但他咄咄逼人又充滿敵意，經常喜歡刁難班上學習力比較慢的孩子，嘲笑我們和刻意模仿我們不標準的發音。某日，這位「所羅門先生」告訴我們，猶太教堂裡的水都被關了，他看起來是真的很惱怒，因為擔心他在我們教室內種的盆栽會在緊急缺水的情況下一命嗚呼。我編了個理由離開教室，帶了一小壺水回來，滿心期待可以藉此讓那一天的上課比較好過，心中暗自盤算，或許還能永遠贏得所羅門先生的心呢，那自此以後，日子就順風順水了。

「你從哪裡找來這些水，查娜？」所羅門先生以我的希伯來名問我。「從廁所馬桶裡！」我得意洋洋大聲回答，這下，老師應該會對我的聰明創意感佩不已了吧。所羅門先生果然高調回應，但卻露出嫌棄噁心的表情，告訴全班：「一聽查娜取水的地方，我就覺得噁心，寧可讓我的植物死掉。」

我的渴望顯而易見，期待被看見的善行與助人的企圖，反倒被認定為「做了一些骯髒事」（我內心多麼渴望獲得類似父親人物的認可，不需要心理學博士的專業也能猜到這份渴望在此情境下開始發揮作用了），太情何以堪了，這股巨大的憋屈羞辱，實在忍無可忍。那是我在希伯來學校的最後一天，幾乎也是我此生與任何有組織的宗教斷絕關係的開始。

快轉到一年前。我的伴侶提姆，在處理一些事情的方法上，和我產生歧見，我蠻確定自己是對的；但又不完全勝券在握，所以沒有問問我們的共同朋友珍妮絲，不曉得她對這件事的想法如何（說實話，我以為珍妮絲會站在我這邊）。真沒想到，珍妮絲居然指出我的盲點，完全認同提姆的處理方式。我赫然頓悟，自慚形穢，二話不說，立刻衝向提姆，焦急地修正我對那件事已然扭曲的看法，並向他道歉，這道歉是他應得的。

「什麼！你竟然把這件事告訴珍妮絲。」提姆難以置信，顯然也怒不可遏。「那是隱私啊！」（不要怕，親愛的讀者，我現在分享這件事的大部分內容，都已獲得提姆本人的同意。）這下輪到我一觸即發，澈底崩潰、無所適從。如果你對我的成長史有所了解，提姆沒有立刻對我的言行舉止感激涕零已讓我非常失望了，我期待他至少會對我說：「喔，南希啊，我真的太感動了，你竟然到天涯海角去找出事情的真相，還回頭給我一個那麼甜蜜和誠懇的道歉。我何德何能啊，此生竟能擁有這麼一個正直善良的女人在我身邊！」重點是，有成長歷史的人不只是我，還有提姆。我要和這個非常在意自己的界線一再被侵犯的男人共度一生，因此，當他聽到我如何來到耶穌面前頓悟悔改，以致最終理解他充滿智慧的觀點與處理方式。他的反應不是感動，是我完全忽視他的脆弱與在乎，所以，我其實根本對他視而不見，也不理解他。

那麼，到底誰才「對」呢？提姆？或我？每一個人都有自己的成長歷史，每一個人都有自己的角度。

我在提姆的同意與祝福下，和你分享這故事。因為這件事促使我們在信任學的功課上，晉升到進階班。我可以真心向你保證，你和伴侶之間曾經引爆的最大衝突，已造成其中一人或兩人都感覺對方對你的善意舉止，無感無知。也許你從不放棄，費盡心力渴望伴侶看見你的好意——也或許大可不必——你也可以放棄這種「一定要讓對方看到」的偏執。這就是其中祕笈——相信你自己的善意善心，還要記得，你的伴侶需要去感知自己的存在，更甚於你一心期待的星星貼紙。這樣的認知與行動，才是你真正的善意，付諸行動的善舉。相信我，你會如願以償的。

119

「我需要你給我一些空間當個普通人。」

我猜，尤其正在閱讀本書的多數女性來說，我們對自己的成長軌跡是有所感知的，我們知道那「從前的舊我」，總是溫恭謙讓或亟欲討好或不斷尋求肯定，基本上就是害怕不小心激起漣漪或無意間激怒了大家。然而，這個「現在的新我」，寧可真實，也不要「溫恭謙讓」，喜歡說真話，勇於為自己挺身而出，還願意為了和平，不再違背自己覺得正確的標準去實踐。我知道自己花了至少我人生的前二十五年，待在初階班，在後二十五年則待在中階班。但問題是，這個「新我」可能會不知不覺為了自己的立場而過度捍衛，乃至我不得不開始考慮，或許我需要把她往下稍微拉低一個檔次，尤其身邊那位優秀的伴侶動不動就對我耳提面命（大約有八十七次之多了吧）：「我需要你給我一些空間當個普通人。」

我正從「怕你對我發飆」的人格中復原，同時又是個對「不和諧」反應很敏銳的諮商師，身兼這兩種身分的我，在某些情況下，還真的難以招架，無所適從（譬如「所以，如果你覺得自己想退縮，你為什麼不當下立即告訴我？那你可以保持退縮而我們就可以各自展開新關係啊！」）。因此，在某個癥結點上，我真的要好好檢視，到底我身為「關係安全巡邏員」是真心重視關係，或只是管理我對關係連結的問題？或正視「退回到舊我」的恐懼？

如果出示字卡的人是你伴侶，花點時間想想，你對關係的標準是否有點過高了（譬如，當你一進家門就看到室內亂七八糟的，或許那只能說明你的伴侶累翻了，並非他絲毫不在乎你所重視的井然有序）。出示字卡的伴侶純粹希望獲得你的信任，希望你相信，他或她真的在乎你的所思所感，但在啟動重大工程之前，他或她需要片刻的喘息空間，確定自己狀況穩定。

120

「我要冒險表達我對你的不信任。唯有這樣，我以後才能信任你。」

我覺得，有關這類「無條件的愛」的神話金句，要為許多不幸福的關係負上很大的責任。早期的關係或婚姻，再加上不明就裡和瘋狂盲愛結合起來，可以說是個致命性的組合，令人生畏。在我二十幾歲時，我和一位受過哈佛教育的白馬王子約會，他哥哥還是當時名聞天下的民謠歌手，整個目眩神馳的現實場景一再說服我，我花了一個禮拜終於相信自己已然超越成長的境界，我不再是個關係魯蛇，失敗離我漸遠。我是如此狂戀痴迷，所以當我看到白馬王子的支票上出現和他同姓氏的女性名字時，我天真問他：「你和你媽媽有銀行的聯合戶頭啊？」好吧，我當時就是年少無知麼，現在一個普通十六歲女生早就猜到他可能已婚了，但問題就在於，當我們墜入愛河時，我們會不由自主地把戀愛對象理想化（例如「媽，你不明白嗎？他沒有工作是因為那些非常有創意的天才通常需要一些時間來重新整合他們的生活。」）。

話說回來，理想化一個人也並非不信任他們，真心誠意信任一個人的過程，需要在關係中騰出足夠的空間，包容我們偶爾難免不信任的時刻。這個信任與不信任的光譜距離很大，可以從「我擔心如果我生產後不減重的話，你就不再愛我」，到「我知道你不希望我重提往事，但是，當我在汽車旅館找不到你時，我會出現一些可怕的想法，心想你會不會在酒吧裡和女人喝酒」。

無辜的聽者，確實很難從這些說者所說的話，去發掘他們沒有說出口的脆弱與懼怕。聽出這些確認實況的動機，與其說是指責，不如說是憂心的伴侶想取得信任你的證據，他們不惜冒險被你當成脆弱的偏執狂，也想藉此消解揮之不去的擔憂，也放下人性中獨有的一點偏頗扭曲。成熟的字卡接收者有度量「歡迎你坦承不信任以建立信任基礎」，這些人是值得信任的夥伴。

121

「當你不信任我的時候，我希望你直接告訴我。唯有這樣，你以後才能信任我。」

這張字卡和上一張是配套卡。當發送字卡的一方正從過去一些「不良習慣或生活模式」中進入矯正的「復原期」時，這張字卡特別管用，因為這時期引起伴侶的不信任，也是合情合理的事。這可以是一般顯而易見的成癮問題，譬如藥物成癮、沉迷色情或賭博，但也可能是他們沒遵守十二步驟的戒癮程序，譬如：在詢問我之前自動打電話給你嫂嫂徵求意見；沒有嚴格遵守已有共識的糖尿病前期患者低糖飲食方案；或告訴我你絕對會要求上司加薪，雖然你根本就逃避沒問。

我們都知道這些習慣與處理方式不會一夜之間就矯正過來，因而迫使兩位「共同伴侶」處於一種忐忑的立場：時不時就對伴侶後續跟進的行動，深感好奇，一方面又唯恐暗示他們結果不若預期後，會讓對方感覺被侮辱。雖然如此，對於那些一心想贏回伴侶信任的人來說，除了誠意滿滿地修正你的行為之外，還要給你所愛的人一個空間，忍受與包容他們偶爾不安就對你尖酸刻薄，或以各種偏執與不信任的猜測對你疑神疑鬼。這是你能為對方做的好事，最美好與療癒的好事。對我來說，「彌補」是任何恢復過程中的一部分，應該還要包括：承認我對你所造成的衝擊，不是一件已經發生的事而已。如果我早知道這些不良的習慣或模式會傷害你，那我也必須理解，就算我許下承諾從此以後要保持清醒與恢復理智生活，也不能立即讓你若無其事般，去滿足我的期待。如果我要求的是一種盲目的信念，那麼，我就破壞了更深層次的信任，因為深層的信任需要時間，等它發芽茁壯，開花結果。這過程也包括，溫柔地承受受傷的伴侶少數「發作」的忐忑不安、一些偏執的質疑時刻，沒關係，因為這位伴侶極度渴望重新信任我。

122

「我知道當我對我們的事猶豫不決時，讓你很難相信我。」

很久以前，我們的文化對「未婚人士」的想像，都要至少符合其中一種刻板印象：女生就要上大學取得「太太學位」和「懼男症」的矜持淑女形象。時至今日，社群媒體臉書上已出現一種被歸類為「這很複雜」的關係類別，想來這也是其來有自。

許多曾經與異性交往過的人都會承認，他們的內在仍難免會對親密關係感到畏懼，擔心他們會在認真的男女交往中迷失了自己，那可是好不容易才找到的自己（「我費盡心力才找到自己」是我從女人口中最常聽到的其中一句話，她們的年齡層介於……喔，從二十五到六十五歲吧，啊，還有這句出自男女的典型心聲：「我很怕和一個不是真正靈魂伴侶的人交往而難以脫身」）。相信我，兩個專業人士原本只需各自花四十五分鐘上下班通勤，但住在一起後則意謂著必須面對超級複雜的接送路線，原來的「運輸彈性」優勢，或許要加碼成雙倍的交通時間。或者，你原本認定男人理當養家，但現在因為太迷戀你的伴侶，而不得不接受他的收入只有你的三分之一，你原以為有情飲水飽，不讓這事困擾你，但最終還是令你糾結了。或者，你深愛你的伴侶，但對她那動不動就大吼大叫的十四歲兒子會如何影響你那容易受驚嚇的六歲女兒，還是感到惶惑憂心。說「複雜」，恐怕還不足以形容每一個實況。要在這世代管理人際關係，感覺就像臉書歸類的「很複雜」，或根本就是「進階版又複雜的腦筋急轉彎」。

換句話說，我們需要在「複雜」與一般所說的「矛盾」之間，做個區分。如果你的關係對你來說無比重要，而你的伴侶也有意和你往下一步走去——無論那是什麼樣的未來——但你卻一直猶豫不決、釋出似是而非的模糊訊息，那就承認你的搖擺不定其實一直在破壞你們之間的信任，卻也是建立信任的關鍵一步。願意把充滿自我保護的腦筋急轉彎簡化一下，這已是勇氣十足的行動。

123

「我知道你感覺很糟，但這還不夠。我需要你眞眞正正知道那對我來說，是什麼樣的感受。」

在一段關係中，當其中一方的冒犯已嚴重傷害到另一半的自我價值、自我形象與他們基本的信任模式，很遺憾的，被傷害的一方通常會想讓「加害者」比他們更感糟糕。背叛關係的加害者，確實感覺灰頭土臉和痛苦萬分。除非他們是思覺失調的精神病患，否則，一個深愛你的伴侶如果真的明顯踰矩而傷害了你，他們通常都會深陷強烈的罪惡感中，尤其當你也無意放過他們時，那種自責內疚，是很難很難釋懷的。

不過，誰想要一個「因愧疚感而表現得體」的伴侶呢？在一個相對理性的彌補過程中（注意「相對」這個關鍵詞彙），會出現一個轉折——受害者不再需要藉由貶抑加害者，來面對自己的受挫受傷。不過，當欺騙行為首次被揭發時，受害者想要也應該要讓加害者感覺一定程度的悲慘與痛苦，然後，到特定的階段以後，受害者赫然意識到這樣的過程實在沒什麼意思。那種輪番上陣的「你怎麼可以這樣對我」和「我怎麼會對你做出這樣的事」，終於來到一個靜止狀態——就算不無聊，如此輪迴轟炸也真的夠了。

事實上，即使再錐心泣血、雙膝跪地求原諒，或再多悲痛欲絕的懺悔，都無法消解受害者的創傷。唯有當受害者知道你完全了解自己犯下的惡劣行為，不僅讓對方百般痛苦的容忍與接受，也奪走她對你的信任，無法再相信你永不再犯；也奪走她對你的仰慕，至少暫時無法再欣賞你了，不確定你要如何為自己那犯錯的「舊我」停止道歉，重新展開「新我」的人生。如果有人能不粗暴、不病態，心平氣和地告知犯錯的一方：「你雖已感覺很糟，但那遠遠不夠」，那麼，此人通常已重新贏得自己的自我價值。這樣的人，寧可要你的理解與感知，也不願處心積慮折磨你。

124

「如果你不照你的承諾去做，我很難相信你。」

這是一張不宜過多解釋的字卡，不言而喻的內容，點到為止就好，免得削弱其中力道。我唯一要補充說明的是，冒著「內容不夠明顯」的風險來暗示你——有時候，當你願意為破局的協議或食言的任務負起該負的責任時，也能藉此重建別人對你的信任。不過，你最好卯起來主動去做，而且越快越好。

125

「當我重提往事時，你聽起來很惱怒，我覺得我必須假裝已經釋懷，但其實我還沒有。」

這張字卡真的需要出示者謹慎辨識。喔，還有，我現在一想，其實也需要接收者的成熟心態。

沒有人喜歡嘮叨，但有些事往往不是一次就能解決。這張字卡的設計，從來就不是讓你可以合理把人釘在十字架後，再把對方逼瘋，而是承認在許多令人心煩意亂的狀況下，尤其是侵犯了信任底線的事。別鬧了，就發洩一次不滿怨恨、接受一次誠意十足的道歉，就要我們「完全放下」了？

當一個受傷的人覺得他們不得不苟延殘喘、勉強撐著過日子時，那是因為他們的伴侶一聽就煩躁，於是，兩人最終走到各懷鬼胎的假面餘生。

我可以向你保證，這樣的關係永不可能真心相愛與和諧共處。我告訴你，最終能更快破冰與發揮功效的三個小字，不是深情的「我愛你」，而是誠懇用心地問對方：「還有嗎」？

所以，或許由一個接觸許多伴侶與從事心理健康專業的諮商師所寫的文字，對你會比較有幫助：當有人傷我們很深很重或侵犯了我們認定為神聖的約定時，我們可能會不止一次對他提起這些新仇舊恨，這些表達，不但正常、合宜，而且有益身心健康。只有一點要注意：掌握好你對當下處境的辨識力與成熟度，再重複講述，效果會更好；還要意識到身邊那些聽眾是否已經聽過了。

126

「寶貝，我覺得自己被冒犯了。我們要怎麼做，才能避免同樣的情況再發生？」

此刻，我坐在這裡盯著字卡這句話，想像如果家中兒女開始對父母視而不見、激怒他們或在某些方面讓父母處於失控邊緣下，父母若能立即出示這張字卡，今天的這個世界，會是什麼樣子呢？

想像你在這樣的環境中成長，掌握權力的一方為自己的情緒反應負責，扭轉親子火爆時刻，成為邀請你一起協力合作的契機，不只是拉開勢不兩立的敵對態勢而已。這給孩子上了一堂課：孩子，你和我一樣有能力開創一個讓雙方都滿意的互動。我相信這有助於開創一個無怨懟的世界，即使我們的議程不同、時間表相異，甚至價值觀也南轅北轍，但這些差異不會使我們互相仇視。

如果有人在感受冒犯的同時，還能沉得住氣選擇以成熟心態超越自己消極的情緒退縮，那麼，他其實是為彼此保有友情與理性的高度，但可惜的是，這不是地球上的常規。把這張字卡的訊息記起來。初次接觸這樣的訊息，可能讓你感覺有些不夠務實，但其實比「確保你不冒犯他人」或「保護自己不受他人冒犯」還要更接地氣、更自由，也對你們的關係更有益無害；也就是說，你可以想想如何度過你人生最後三分之二的歲月。

127

「在我們繼續下去之前，你必須先告訴我，你愛我。」

幾個月前，一對伴侶來找我諮商，妻子提起某件事時，仍怒氣填胸。有一次他們在餐廳和另一對夫妻一起進餐，她先生俯身低聲問她：「寶貝，你真的需要第二塊麵包嗎？主食馬上就要上了。」我很同理這位妻子，她當下一定難以為情又侷促不安，不過老實說，她怒不可遏的程度，也讓我忍不住同情起她的丈夫，他已經彎身又輕聲細語問太太，以不引起眾人注意的方式，表達他對妻子飲食選擇的意見。一般在這樣的諮商過程中，我善於讓個案避免用「他說／她說」的語句來敘述，但那一次基於某種理由，我允許這件「餐廳對話」延續了一段較長的時間——到底丈夫在餐廳詢問老婆大人時，是否真的「輕聲細語」。我當下有個突發奇想的建議。於是，我終止他們的對話，假設了一個情境，想像我們都在餐廳裡，然後，我讓那位丈夫把當天對妻子所說的話，重新對我說一遍。

他問完後，我在諮商現場用另一種方法來處理他的提問。我把身體前傾，看著身邊這位「節食控管隊長先生」的眼睛：「我不確定我是不是需要一塊麵包，」我繼續對他說，「但在我決定要不要麵包之前，我需要你告訴我，我很漂亮，而且無論我多胖，你都會愛我！」

我為自己建設一個理想榜樣，堅持愛自己，愛到你幾乎不可能從他人的意見中接收到任何傷害你的元素。我的意思是，這麼想吧，你和你的伴侶真為某個議題爭得有些不愉快。除了幫助你們以外，這張字卡還能發揮什麼作用？它肯定能放慢你的行動，讓你們察覺兩人當下一起參與如此建設性的討論與機會，多麼難得珍貴。有了這麼直接又委婉的提問，你就不需要再埋頭處理潛藏背後的假設與議題——「他或她夠不夠重視我？」這種心態是間接與高度自我防禦的，而且不是以真正的朋友關係為出發點。把這張字卡派上用場吧，所有問題都可以在九十秒內迎刃而解。

這是相信自己的面貌。有點類似「我想對你說愛的語言」，聽起來有點一針見血的一句話。

感謝

《我想對你說愛的語言》是我畢生追求的成果，我一直想釐清何為真實，以及如何把這份意識以自然的方式帶入人際關係中。我要特別提及幾位重要的導師，他們在我掙扎奮戰時陪伴我，他們以獨有的方式，耐心為我保留空間，使我有足夠的餘裕走到目的地。

羅傑・席洛塔（Roger Serota），這位美好的男人為我開啟情感自由的可能性。

主導「費城路徑」（Philadelphia Pathwork）心靈修習的柯蘿琳・提洛夫（Carolyn Tilove），她身體力行活出自己的典範，教我切勿追求偽裝造假的生命力。

雪莉・盧特曼（Shirley Luthman）的精彩著作《收藏》（*Collection*），幫

助我在整理「如何與自己保持緊密連結」的思考中，扮演關鍵角色。

賴瑞・凱登（Larry Kaiden），在我文思枯竭時，總是相信我有能力突圍而出、茅塞頓開。

泰德・史特勞斯（Ted Strauss），對存在本質堅信不移的他，以無比開闊的胸襟，接納並允許我深陷矛盾命題——「既不否認破碎，也不相信有什麼需要修復」的悖論中。

除了泰德，我還想感謝「相互覺醒」（Waking Down in Mutuality）教學社區的其他學員，他們向我多番展示如何尋獲自我與覺醒的途徑：總是對我要求嚴謹的希拉蕊・戴維斯（Hillary Davis），還有克里詩納・高希（Krishna Gauci）、珊卓拉・格立克曼（Sandra Glickman）、喜艾・巴克斯恩（Cielle Backstrom）、丹・維爾（Dan Wil），以及創辦人善尼爾・邦德（Saniel Bonder），一位對意識與覺醒身體力行的大師，他以幫助他人「忠於自我」為己任，這樣的熱情如此神奇與可貴。另外，我要特別提及我親愛的朋友佩琪・托賓（Peggy Tobin），雖然她不是正式的覺醒導師，但佩琪不斷以她溫柔敦厚與超越物質的天性，給我源源不絕的支持。還有亦師亦友的黛博拉・波雅（Deborah Boyar）博士，她一直身兼我的好友與智者，我從她身上受益良多。

我還要特別感謝：

麥克・葛伯（Michael Gerber），「創業國際組織」（E-Myth International）執行長，這位創業界傳奇人物多年前在加州門多西諾（Mendocino）一間咖啡館裡對我的想法拍案驚呼：「這根本是一本書啊！」

我的父親威廉・格林柏治（William Greenberg），他支持我重返研究所繼續學習，還有我的母親伊洛斯・格林柏治（Eloise Greenberg），她對人們為何努力不懈、不屈不撓的動力，總是充滿探索的熱情。

感謝催生本書的助產士——

可愛又聰明的梅樂蒂・高德（Meredith Gould），是最先為《現實生活字卡》（*Flash Cards for Real Life*）「打出名堂」的人。莉雅・柏萊爾（Lea Belair），這位大師級的教練，訓練我學習對事件最基本的感知，讓我能帶著自己的內在旅程走進這世界。珍・弗萊德曼（Jan Friedman），她清晰明確的眼光、基本的敏銳度與溫和的堅持，拓展了我的目標。保羅・維納（Paul Weiner）與葛菈琳・盧卡斯（Geralyn Lucas）的兄妹團隊，他們的熱情支持與真心關切，提供許多媒介與管道，讓目標實現。

司寇特・雷斯羅（Scott Laserow），一個擅長繪圖、網站設計與個性超好的男人，他對這本書的出版計畫所貢獻的許多靈感，恐怕比他所能想像的還要多很多。

裘莉・德博谷（Joelle Delbourgo），卓越的經紀人，她一次次幫助我理解，現實與理想之間未必勢不兩立，它們可以共榮共存。

莎拉・卡德（Sara Carder），我在「企鵝出版集團」的優秀編輯，她總能把關係中的細膩差別、一般常識與感知，以及最美善的好意都掌握得恰到好處，少了她的貢獻與付出，這本書將少了許多「接地氣」又「通天意」的精彩特質。

蘇珊・哈洛（Susan Harrow），她以精湛的意識、自然散發與不凡的氣度和表現，把傳媒教導的課程，轉而成為另一條啟蒙的教育路徑。

羅柏・崔福斯（Rob Dreyfus），我傑出的繼子。

鮑柏・崔福斯（Bob Dreyfus），我的好人前夫，不管我們經歷了多少事，他依舊相信，溫柔是我的真實面貌。

芭芭拉・哈斯汀（Barbara Hastings），擁有一身天賦的好友，她的光明磊落、心胸寬大與純淨的愛，對我內在的療癒，遠超乎語言所能形容。

馬修・寇恩（Matthew Cohen），我的一位特殊朋友，他耿直的真性情、智慧與愛，使他願意誠心提問：「還有嗎？」這問題引發我繼續探索更多真實的本質。

金（Kim）與傑克・林德（Jack Linder），他們的愛、真誠與理智，一直都是一股清新之流。

漢娜・葛雷思（Hannah Grace）與艾瑞克・葛雷思（Eric Grace），無論如何，他們以「自在成為自己」的努力實踐，而備受肯定。

提姆・溫茲（Tim Wentz），他對我的愛與恩澤，使我得以活出我所說的理念，而且常一語中的而讓我啞口無言。

還有許多我要一併感謝的對象，他們的特質與付出，帶領我跨越生命中的不同階段，進入真實的更深之處：格賴・艾倫（Craig Aaron）、艾力斯・阿瑪（Alix Amar）、比弗利・布萊特（Beverly Bright）、約翰與潔西卡・喬希（John & Jessica Cioci）、艾倫・寇恩（Ellen Cohen）、拉結・寇恩（Rachel Cohen）、希莉雅・寇曼（Shelia Coleman）、希拉蕊・寇斯丁（Hillary Costin）、哈樂・杜沃斯金（Hale Dwoskin）、派翠夏・柯斯登・艾曼（Patricia Kirsten Ehrmann）、瑪莉・費雅（Mary Fahy）、布朗溫・法寇納（Bronwen Falcona）、奈特拉・費特曼（Nedra Fetterman）、艾琳・格柏（Ilene Gerber）、梅樂蒂・亨利・葛林格（Meredith Henry Geringer）、米葛農・郭羅池（Mignon Groch）、艾德維・卡門斯基（Edye Kamensky）、艾曼達・歐溫（Amanda Owen）、吉妮・萊爾斯（Ginny Rials）、莉莎・羅吉斯（Lisa Rogers）、艾比・山德勒（Abby Sandler）、珊妮・舒金（Sunny Shulkin）、林・辛尼德（Lenn Snyder）、拉爾夫・斯特凌（Ralph S. Sterling）、安・斯特隆（Ann Strong）、朱蒂・沃森（Judy Watson）、保羅・維納（Paul Weiner）、

以斯帖・梅莫・維斯（Esther Melmed Weiss）、席薇雅・伍茲（Sylvia Woods）、莉莎蓋爾・茲特林（Lisagail Zeitlin）。

我最後的感謝，要特別給我的女兒卡爾莉（Carly）。她在不足五歲時，以彩色筆完成她的第一張字卡，字卡上寫著：「媽咪你停止」。她說：「這張字卡可以在你媽咪生氣或她緊盯電腦而你想要她陪你玩的時候，舉起來給媽咪看。」

開創你的個人字卡

國家圖書館出版品預行編目（CIP）資料

我想對你說愛的語言：11 種情境，127 個句子，練習對心愛的人表達自己的感受 / 南希．崔福斯博士（Nancy Dreyfus, PsyD）著；童貴珊譯. -- 初版. -- 臺北市：橡實文化出版：大雁出版基地發行，2023.06
面；　公分
譯自：Talk to me like I'm someone you love : relationship repair in a flash, revised
ISBN 978-626-7313-09-1（平裝）

1.CST: 婚姻治療法　2.CST: 婚姻諮商　3.CST: 兩性關係

544.3　　112005709

BC1121

我想對你說愛的語言：
11 種情境，127 個句子，練習對心愛的人表達自己的感受
Talk to Me Like I'm Someone You Love, revised edition: Relationship Repair in a Flash

作　　者　南希．崔福斯 博士（Nancy Dreyfus, PsyD）
譯　　者　童貴珊
責任編輯　田哲榮
協力編輯　朗慧
封面設計　廖勁智
內頁構成　歐陽碧智
校　　對　蔡昊恩

發 行 人　蘇拾平
總 編 輯　于芝峰
副總編輯　田哲榮
業務發行　王綬晨、邱紹溢、劉文雅
行銷企劃　陳詩婷
出　　版　橡實文化 ACORN Publishing
231030 新北市新店區北新路三段 207-3 號 5 樓
電話：（02）8913-1005　傳真：（02）8913-1056
網址：www.acornbooks.com.tw
E-mail 信箱：acorn@andbooks.com.tw
發　　行　大雁出版基地
231030 新北市新店區北新路三段 207-3 號 5 樓
電話：（02）8913-1005　傳真：（02）8913-1056
讀者傳眞服務：02-8913-1056
讀者服務信箱：andbooks@andbooks.com.tw
劃撥帳號：19983379　戶名：大雁文化事業股份有限公司

印　　刷　中原造像股份有限公司
初版一刷　2023 年 6 月
初版二刷　2024 年 3 月
定　　價　480 元
I S B N　978-626-7313-09-1